Trainingsplaner Ausdauersport

Achim Schmidt

Trainingsplaner
Ausdauersport

für Radsport, Mountainbiking, Triathlon, Duathlon, Lauf, Skilanglauf, Schwimmen, Eisschnelllauf, In-Line Skating

Meyer & Meyer Verlag

Die Deutsche Bibliothek – CIP-Einheitsaufnahme

Schmidt, Achim:
Trainingsplaner - Ausdauersport : für Radsport, MTB, Triathlon, Duathlon, Lauf,
Skilanglauf, Schwimmen, Eisschnelllauf, In-Line-Skating /
Achim Schmidt. - 1. Aufl.
–Aachen : Meyer und Meyer, 1998
ISBN 3-89124-409-6

Alle Rechte, insbesondere das Recht der Vervielfältigung und Verbreitung sowie das Recht der Übersetzungen, vorbehalten. Kein Teil des Werkes darf in irgendeiner Form – durch Fotokopie, Mikrofilm oder ein anderes Verfahren – ohne schriftliche Genehmigung des Verlages reproduziert oder unter Verwendung elektronischer Systeme verarbeitet, gespeichert, vervielfältigt oder verbreitet werden.

© 1998 by Meyer & Meyer Verlag, Aachen
Titelfoto: Bongarts Sportfotografie GmbH, Hamburg
Umschlaggestaltung: Walter J. Neumann, N & N Design-Studio, Aachen
Umschlagbelichtung: frw, Reiner Wahlen, Aachen
Lektorat: Dr. Irmgard Jaeger, Aachen
Fotos Innenteil: Polar Electro GmbH Deutschland S. 8, 16, 130; Trisport S. 138;
alle übrigen: Achim Schmidt
Grafiken Innenteil: René Marks, Köln; alle übrigen siehe Bildunterschrift
Satzbelichtung: frw, Reiner Wahlen, Aachen
Druck: Röder + Moll GmbH, Mönchengladbach
Printed in Germany
ISBN 3-89124-409-6

Inhaltsverzeichnis

1 Zum Umgang mit dem Trainingsplaner 9
1.1 Grundlagen des Ausdauersports 10

2 Trainings- und Wettkampfdokumentation 17
2.1 Trainingsdokumentation: Gebrauchsanleitung und Musterseite 18
2.2 Wochenprotokolle 26
2.3 Wettkampfdokumentation: Gebrauchsanleitung .131
2.4 Wettkampfprotokolle 132

3 Analyse 139
3.1 Gebrauchsanleitung und Musterseite 139
3.2 Jahresanalysebogen I – IV 146
3.3 Analysetips 154

4 Trainingsplanung/Trainingsmanagement 155
4.1 Trainingsplanung in fünf Schritten 155
4.2 Trainingsplanänderungen 162
4.3 Anmerkungen und Musterseite 167
4.4 Der eigene Jahresplan 170

5 Leistungsdiagnostik und Trainingsbereiche 185
5.1 Leistungstests 185
5.2 Herzfrequenz-Maximaltest 187
5.3 Feldstufentest 189
5.4 Leistungsdiagnostik 193

6 Anhang 197

7 Glossar 200

8 Empfehlenswerte Literatur 200

TRAININGSPLANER

Trainingsplaner

persönliche Daten

Name: _____

Adresse: _____
_____

Telefon: _____

e-mail: _____

Verein: _____

Größe: _____

Gewicht: _____

Ruhepuls: _____

ZUM UMGANG MIT DEM TRAININGSPLANER

1 Zum Umgang mit dem Trainingsplaner

Mit dem Ausdauertrainingsplaner liegt Ihnen ein Trainingstagebuch vor, dass Sie bei der Planung und Dokumentation Ihres Trainings unterstützen soll. Hierzu bietet Ihnen das Buch zahlreiche Tips und Tricks zur Trainingsplanung sowie die Möglichkeit, Ihr Training äußerst detailliert zu dokumentieren. Bitte erschrecken Sie nicht bei der Vielzahl der komplexen Tabellen und Grafiken, sondern nehmen Sie sich ein wenig Zeit, die im Ausdauersport notwendige Dokumentation zu verstehen und anzuwenden.

Grafiken und Tabellen lassen sich durch einfache Korrekturen oder Eintragungen an Ihre persönlichen Bedürfnisse anpassen. Die angebotenen Parameter beschreiben einen Trainingstag und eine Trainingseinheit sehr detailliert. Haben Sie keine leistungssportlichen Ambitionen oder ist es Ihnen zu umständlich, alle Felder auszufüllen, tragen Sie nur die Werte ein, die für Sie von Belang sind.

Das Training ist erst nach der Dokumentation beendet

Nehmen Sie sich nach einer Trainingseinheit oder einem Wettkampf einige Minuten Zeit, um die Belastung kurz zu dokumentieren. In der Regel werden Sie mit fünf Minuten pro Tag auskommen, nach einiger Zeit mit etwas Routine reichen gar 1-2 Minuten zum Ausfüllen der Spalte für einen Tag aus.

Zum Durcharbeiten des Buches und der verschiedenen Anleitungen sowie dem Komplettieren der einzelnen Tabellen müssen Sie ungefähr mit zwei bis drei Stunden rechnen. Zusammengerechnet also ein Zeitaufwand, der nur einen Bruchteil Ihres Gesamttrainingsumfangs ausmacht, dafür aber einen sehr hohen Nutzen abwirft.

Der Trainingsplaner richtet sich an Sportler aller Ausdauersportarten, die aufgrund der flexiblen Konzeption des Planers ihre Sportart detailliert dokumentieren können. Die Beiträge zu spezifischen Ausdauerthemen können jedoch nur eine kurze Einführung darstellen. Speziellere Informationen müssen der weiter führenden Literatur in den einzelnen Sportarten entnommen werden (siehe Literaturverzeichnis).

In eigener Sache

Hiermit möchten wir Sie als Leser und Anwender des Trainingsplaners auffordern, an der Weiterentwicklung des Trainingsplaners mitzuarbeiten. Bitte teilen Sie uns Ihre Erfahrungen und Verbesserungsvorschläge schriftlich mit. Da der Trainingsplaner zahlreiche Ausdauersportarten abdeckt, mussten sicherlich einige Kompromisse eingegangen werden, die vielleicht durch kleine Veränderungen ausgeräumt werden können.

Eine Anmerkung zur Sprache: Aus Gründen der Lesefreundlichkeit wurde die sprachneutrale Formulierung verwendet.

1.1 Grundlagen des Ausdauersports

Zyklisierung und Periodisierung

Im Ausdauersport muss das Trainingsjahr in bestimmte Perioden eingeteilt werden, um einen möglichst optimalen Verlauf der Formentwicklung zu erreichen. Während dieser Perioden wird die Trainingsbelastung wiederum zyklisiert. Wie Sie bei der Einteilung vorgehen, wird in Kapitel 4 ausführlich beschrieben. Eine sich steigernde Belastung über zwei bis fünf Tage (Wochen) mit einem anschließenden Ruhetag (-woche) charakterisiert einen solchen Zyklus (2:1, 3:1, 4:1, 5:1).

In den meisten Ausdauersportarten mit einer Sommer-Wettkampfperiode hat sich die Einteilung des Trainingsjahres in mehrere Vorbereitungsperioden mit unterschiedlichen Zielsetzungen (allgemein, speziell) ab etwa November bewährt. Die im Mai beginnende Wettkampfperiode reicht in der Regel bis in den Spätsommer und wird häufig nochmals durch eine weitere Vorbereitungsperiode unterbrochen. An die Wettkampfperiode schließt sich eine Übergangsperiode im Herbst an.

Trainingsbereiche

Zur besseren Strukturierung des Trainings teilt man das Training in allgemeine Trainingsbereiche ein, die vor allem durch die Intensität und die Belastungsart klassifiziert werden. Diese Bereiche haben inzwischen in allen Ausdauersportarten ihre Gültigkeit, werden jedoch teilweise geringfügig unterschiedlich definiert.

Im Wesentlichen werden drei Stoffwechselbereiche voneinander unterschieden (s. Abb. 5.4), denen die Trainingsbereiche zugeordnet werden:

- aerober Bereich
- aerob-anaerober Mischbereich
- anaerober Bereich.

Das kompensatorische Training und das Grundlagenausdauertraining 1 sind dem aeroben Stoffwechsel zugeordnet. Grundlagenausdauer 2 und Kraftausdauer sprechen den aerob-anaeroben Stoffwechsel an. Der anaerob-laktazide Bereich wird durch das Training der wettkampfspezifischen Ausdauer abgedeckt.

Als Bezeichnungen für die einzelnen Trainingsbereiche wurden vorwiegend die in der Ausdauertrainingslehre verwendeten Begriffe gewählt. Auf weitere spezielle Trainingsbereiche und Trainingsmethoden der verschiedenen Ausdauersportarten soll hier jedoch nicht eingegangen werden.

Kompensatorisches Training KO

Kompensation bedeutet Ausgleich, beim kompensatorischen Training wird also eine Belastung oder ein Regenerationsdefizit ausgeglichen. Ziel ist die aktive sportartspezifische Erholung. Der KO-Bereich hat die niedrigste Intensität aller Trainingsbereiche und wird vor allem nach intensiven Einheiten oder Wettkämpfen eingesetzt. Das kompensatorische Training ist von entscheidender Bedeutung in einem geplanten Trainingsaufbau.

Grundlagenausdauertraining GA

Der wichtigste Intensitätsbereich im Ausdauersport ist der aerobe Stoffwechselbereich. Diesen Bereich nennt man auch Grundlagenausdauer. Ein sehr hoher Prozentsatz des Gesamtjahresumfanges wird in diesem Bereich absolviert, um, überspitzt ausgedrückt, die Laktatproduktion zu verhindern. Nur wenn die Grundlagenausdauer auf einem sehr hohen Niveau entwickelt ist, können auch noch hohe Wettkampfgeschwindigkeiten unter aeroben oder Mischstoffwechsel-Verhältnissen bewältigt werden.

GA-Trainingseinheiten sind durch große bis sehr große Umfänge mit geringer Intensität gekennzeichnet. Der Grundlagenausdauerbereich wird nochmals in zwei Intensitätsstufen eingeteilt: Grundlagenausdauer 1 und Grundlagenausdauer 2.

Grundlagenausdauer 1 – GA 1

Bei sehr langen Belastungsdauern kommt es zu einer ausschließlich aeroben Energiebereitstellung mit einem hohen Anteil der Fettverbrennung. Dies ist der Trainingsbereich, in dem die Fettverbrennung hervorragend trainiert wird; er stellt somit auch vom gesundheitlichen Standpunkt her (Übergewicht) den günstigsten Bereich dar. Trainiert wird nach der Dauermethode; je länger die Einheit, desto niedriger sollte auch die Intensität ausfallen. Das GA 1-Training wirkt sich in der Regel stabilisierend auf die Leistungsfähigkeit aus.

Grundlagenausdauer 2 – GA 2

Mit dem GA 2-Bereich wird der aerob-anaerobe Übergangsbereich trainiert. Höhere Laktatwerte müssen bei weitaus kürzeren Belastungsdauern toleriert werden. Trainiert wird nach der wechselhaften Dauermethode oder nach der extensiven Intervallmethode.

Wettkampfspezifische Ausdauer WSA

Das Training im WSA-Bereich orientiert sich – wie der Name schon sagt – an der Wettkampfgeschwindigkeit und der Wettkampfbelastung und ist somit im oberen aerob-anaeroben Mischbereich und anaeroben Bereich angesiedelt. Hohe Laktatwerte werden erreicht und müssen toleriert werden. Es werden Strecken mit Wettkampfintensität oder Über-Wettkampfintensität zurückgelegt. Wiederholungs- und Wettkampfmethode kommen zur Anwendung.

Methodik des Ausdauertrainings

1) Die **Dauertrainingsmethode** dient vor allem der Ausbildung der Grundlagenausdauer.

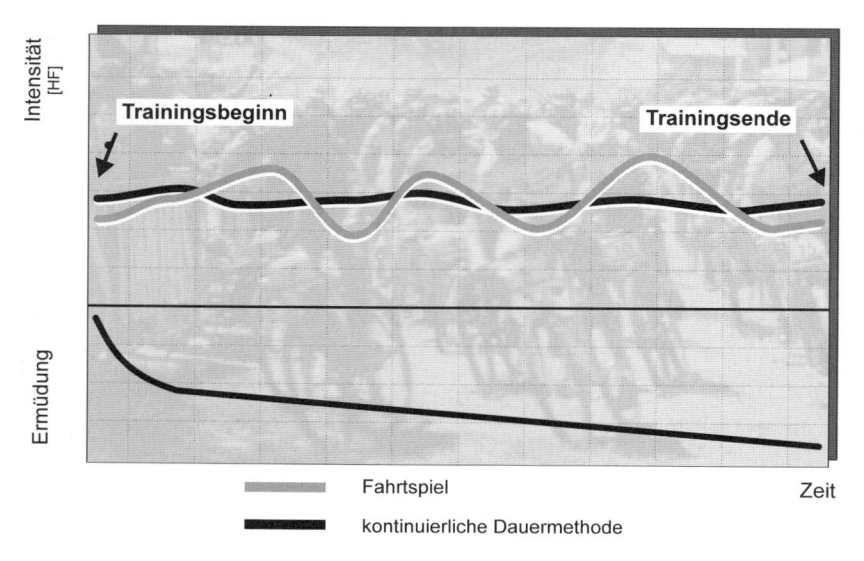

Abb. 1.1: Kontinuierliche Methode und Fahrtspiel schematisiert

a) **Kontinuierliche Methode:** gleichbleibende Intensität; die Belastungssteuerung über die Herzfrequenz ist am genauesten. Die kontinuierliche Dauertrainingsmethode ist besonders in der Vorbereitungsperiode die Haupttrainingsmethode, da sie die aerobe Kapazität und die Regenerationsfähigkeit bei entsprechender Intensität verbessert. Die Trainingsintensität kann entweder gleichmäßig sein oder innerhalb eines geringeren Bereiches schwanken.
b) **Wechselmethode:** Auf vorher bestimmten Streckenabschnitten wird das Tempo bis in den aerob-anaeroben Mischbereich hinein erhöht.
c) **Fahrtspiel:** Das Tempo wird dem Gelände und den Windverhältnissen angepasst. Der Sportler spielt mit dem Tempo und damit mit der Intensität. Besonders im profilierten Gelände oder im Wald kommt das Fahrtspiel zur Anwendung.

2) Den **Intervallmethoden** ist ein planmäßiger Wechsel von Belastung und Erholung zu Eigen; das Erholungsintervall dauert jedoch nicht bis zur vollständigen Erholung an, sondern wird bei einer Herzfrequenz von 120 bis 140 von einem erneuten Belastungsintervall abgelöst (s. Abb. 1.2). Diese Pause nennt man „lohnende Pause". Werden mehrere Serien durchgeführt, so sollten zwischen den einzelnen Serien à 4-8 Wiederholungen längere Erholungspausen platziert sein. Die Pausen werden aktiv bei stark reduzierter Intensität gestaltet.

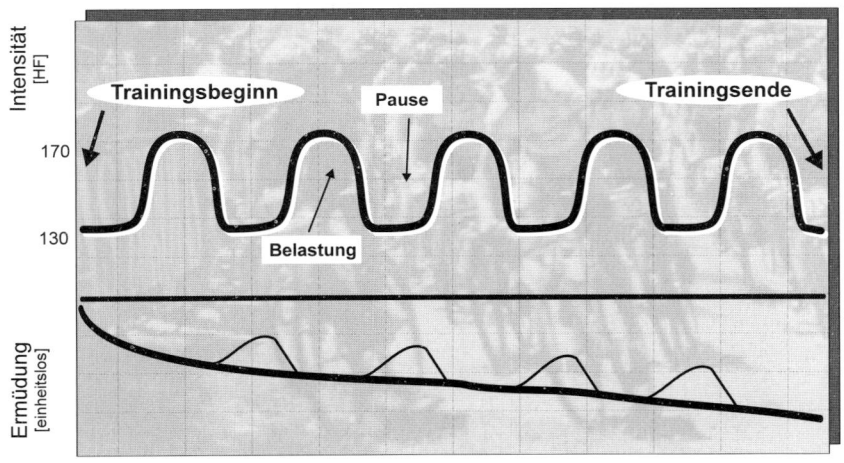

Abb. 1.2: Intervallmethode schematisiert (lohnende Pause)

Man unterscheidet die Intervallmethoden nach der Intervalllänge:
a) Kurzzeitintervall (KZI):   7-60 s (z.B. 10 x 7 s, 6 x 30 s)
b) Mittelzeitintervall (MZI): 1-3 min (z.B. 4 x 1:30 min)
c) Langzeitintervall (LZI):   3-15 min (z.B. 4 x 10 min)

Bei Kurzzeitintervallen wird auch von der intensiven Intervallmethode gesprochen, bei Langzeitintervallen von der extensiven Intervallmethode; Mittelzeitintervalle werden beiden Methoden je nach Intensität zugeschrieben.

Die extensiven Intervallmethoden dienen dem Erhöhen der anaeroben Schwelle, der Verbesserung der aeroben Kapazität sowie der Verbesserung der anaeroben Mobilisation. Die intensiven Intervallmethoden verbessern die Laktattoleranz, erhöhen die anaerob-laktazide und anaerob-alaktazide Mobilisation und sprechen Schnelligkeit und Schnellkraft an.

3) **Wiederholungsmethoden**
Die Wiederholungsmethode ist durch vollständige Erholungspausen (Herzfrequenz unter 100) zwischen den mit Wettkampf- oder Überwettkampfintensität bewältigten Belastungsphasen gekennzeichnet. Bei der Wiederholungsmethode wird ebenfalls in Kurzzeit, Mittelzeit und Langzeit unterschieden.

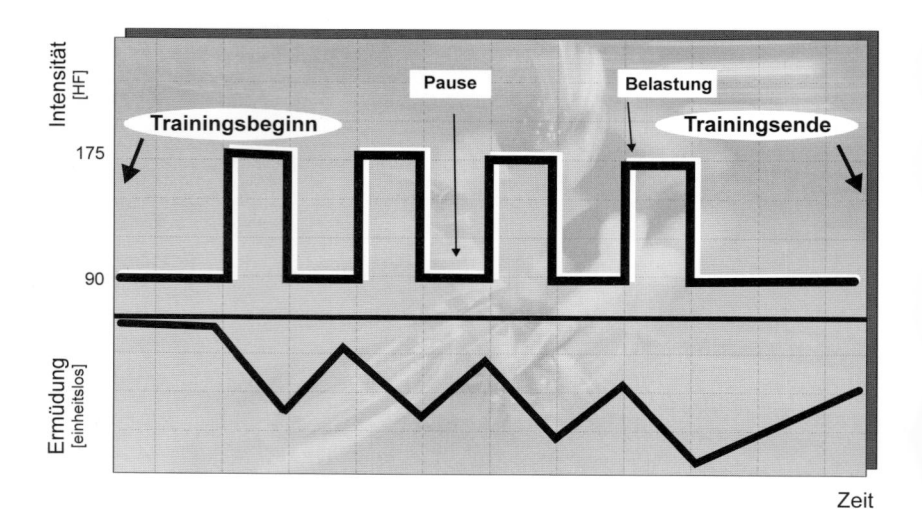

Abb. 1.3:
Wiederholungsmethode schematisiert (vollständige Pausen bis zur Erholung)

4) Wettkampf- und Kontrollmethode

Bei der Wettkampf- und Kontrollmethode handelt es sich um eine einmalige Belastung, die Wettkampfintensität und -dauer haben sollte.

Die physiologische Trainingsbelastung ist der Wettkampfbelastung bei gleicher Streckenlänge und Geschwindigkeit sehr ähnlich, bei Overdistance-Training (längere Distanz als im Wettkampf) liegt die Belastung/Intensität geringfügig unter der Wettkampfintensität, bei Underdistance-Training etwas darüber. Für die Wettkampfmethode ist ein hohes Motivationsniveau Voraussetzung, um die Härte des Wettkampfes simulieren zu können.

Durch die Wettkampfmethode lässt sich taktisches Verhalten spielerisch einüben. Gleichermaßen wird durch die Wettkampfmethode die psychische „Rennhärte" verbessert. Dazu sollte jedoch in einer leistungshomogenen Trainingsgruppe trainiert werden.

16 TRAININGS- UND WETTKAMPFDOKUMENTATION

2 Trainings- und Wettkampfdokumentation

Das folgende Kapitel enthält im ersten Teil 52 Wochenprotokolle für ein ganzes Trainingsjahr und stellt somit das zentrale Kapitel des Trainingsplaners dar. In das jeweilige Wochenprotokoll können Sie alle wichtigen Daten zur Charakterisierung eines Trainingstages eintragen. Dazu benötigen Sie nach kurzer Zeit nur noch wenige Minuten.

In einem zweiten Teil finden Sie drei Seiten, auf denen Sie, sofern Sie an Wettkämpfen teilnehmen, diese übersichtlich und chronologisch eintragen können. Obwohl die Wettkämpfe natürlich auch in die Wochenprotokolle eingetragen werden, sollten Sie hier einen etwas ausführlicheren Eintrag pro Wettkampf vornehmen, was Ihnen bei der Analyse des Trainingsjahres zugute kommen wird.

Doch bevor näher auf die Arbeit mit dem Wochenprotokoll eingegangen wird, zunächst etwas Theorie zur Trainingsdokumentation.

Unter **Trainingsdokumentation** versteht man die systematische Erfassung von Trainingsdaten zur genauen Beschreibung der Trainingsbelastungen und der körperlichen und mentalen Reaktionen auf diese Belastungen. Zur genauen Beschreibung einer Belastung reicht es daher nicht, nur die Dauer und die zurückgelegte Wegstrecke zu notieren. Vielmehr müssen Angaben über die Intensität dokumentiert werden. Die verschiedenen Trainings- und Wettkampfbelastungen werden kategorisiert, indem bestimmte Intensitätsbereiche definiert und so methodisch erfasst werden.

Wie viel Arbeit man sich hiermit macht, hängt von der Zielsetzung ab. Ein Breitensportler wird lediglich die Dauer und die Distanz eintragen und dazu gelegentlich sein Körpergewicht und seinen Ruhepuls dokumentieren. Ein Hochleistungssportler dagegen sollte neben allen körperlichen und geistigen Parametern auch die Kategorisierung der Trainingsintensität eintragen. Eine einfache Form der Kategorisierung ist das Aufsplitten in Wettkampf- und Trainingsumfänge. Sinnvoll ist die Differenzierung der Intensitätsbereiche Kompensatorisches Training, Grundlagenausdauer 1 und 2 und Wettkampfspezifische Ausdauer. Gegebenenfalls nimmt man noch die Kraftausdauer und weitere Bereiche wie Schnellkrafttraining oder Schnelligkeitstraining hinzu, die jedoch in der Regel nur einen sehr geringen Anteil ausmachen und von daher schwierig zu dokumentieren sind. Die genannten Bereiche lassen sich hinreichend mit einem einfachen Herzfrequenzmessgerät, gegebenenfalls sogar ohne, differenzieren und dokumentieren.

2.1 Trainingsdokumentation: Gebrauchsanleitung und Musterseite

Wochenprotokoll

Wie auf der ausgefüllten Musterseite (Radsport) zu sehen ist, lassen sich viele Informationen eintragen. Im Folgenden sollen alle Felder detailliert beschrieben werden; was Sie dann für sich übernehmen, bleibt Ihnen überlassen. Einige Felder, zum Beispiel für Woche und Datum, müssen Sie aufgrund der angesprochenen Flexibilität des Trainingsplaners selbst eintragen. Am besten Sie tragen diese Daten bereits für mehrere Monate im Voraus ein.

Das Wochenprotokoll ist zur besseren Orientierung in vier Bereiche aufgeteilt. Im ersten tragen Sie Ihre Trainingseinheit ein, im zweiten Stretching und Funktionsgymnastik, der dritte Teil dokumentiert körperliche und mentale Parameter und der letzte Teil ist allgemeiner Art.

Kopf des Protokolls

Im Kopf des Protokolls tragen Sie die Kalenderwoche und die dazugehörigen Daten ein. Rechts daneben wird die Trainingsperiode eingetragen. In Klammern können Sie die Anzahl an Wochen vermerken, die Sie bereits in dieser Periode trainieren.

Sportart/Trainingsintensitäten

Um dieses Wochenprotokoll möglichst individuell Ihren Gegebenheiten anpassen zu können, sind im ersten großen Block der Tabelle keine Eintragungen bezüglich der Sportarten oder Trainingsintensitäten vorgegeben. Bitte tragen Sie hier entsprechend Ihrer Sportart die verschiedenen Trainingsbereiche und Sportarten ein, die Sie vorwiegend ausüben. Auch hier sollten Sie, nachdem Sie sich auf eine Auswahl und Reihenfolge für das ganze Jahr festgelegt haben, bereits für mehrere Monate die Eintragungen im Voraus vornehmen. Es stehen Ihnen neun Felder zur Verfügung, mit denen Sie sicherlich Ihr Trainingsspektrum auch bei zwei oder mehr Trainingseinheiten am Tag abdecken können. In der folgenden Aufstellung können Sie entsprechende Abkürzungen definieren oder die vorgegebenen übernehmen.

Wenn Sie nur eine Sportart ausüben, also zum Beispiel **Läufer, Radsportler oder Skilangläufer** sind, dann tragen Sie von oben nach unten die Intensitätsbereiche Ihrer Sportart ein (z.B. KO, GA 1, GA 2, WSA, KA etc.). In die weiteren Zeilen tragen Sie die Sportarten ein, die Sie als Ausgleichssportarten oder zum Cross-Training (Ausüben mehrerer Sportarten) betreiben. In der Regel werden Sie diese vorwiegend zur Verbesserung der Grundlagenausdauer ausüben und benötigen somit keine getrennten Intensitätsbereiche. Eine Zeile (die letzte) sollte für das Krafttraining reserviert werden.

Betreiben Sie hauptsächlich **Fitnesssport**, sind weniger leistungs- und wettkampforientiert und üben mehrere Sportarten wie beim Cross-Training aus, dann tragen Sie diese in die entsprechenden Felder ein; die am häufigsten ausgeübte Sportart am besten in die erste Zeile.

Haben Sie sich dem **Duathlon oder Triathlon** verschrieben und üben diesen als Leistungssportler aus, müssen Sie für die jeweiligen Sportarten die verschiedenen Trainingsintensitäten eintragen. Hierbei müssen Sie nicht nur aus Platzgründen, sondern auch zu Ihrem eigenen Vorteil (sonst sehr viel Dokumentationsarbeit) etwas reduzieren. Belegen Sie für das Radfahren GA 1, GA 2, WSA, KA, für das Laufen GA 1, GA 2 und WSA und für das Schwimmen und das Krafttraining jeweils eine Zeile, in die Sie eintragen, was Sie trainiert haben.

Wie Sie sehen, bieten Ihnen diese neun Zeilen sehr viele Möglichkeiten. Machen Sie sich darüber Gedanken, wie Sie diese Zeilen nutzen.

Für jeden Tag haben Sie jetzt die Möglichkeit, sowohl die **Dauer** (h) als auch die **Distanz** (km oder m) pro Zeile einzutragen. Wenn Sie möchten, differenzieren Sie nach Intensitätsbereichen.

Führen Sie zwei Trainingseinheiten am Tag in einer Sportart oder einem Intensitätsbereich durch, so trennen Sie die beiden Einheiten, pro Feld durch einen Schrägstrich.

Abkürzungsvorschläge

Intensitäten		Sportarten		Sonstiges	
Kompensatorisches Training	KO	Laufen	LA	Intervallmethode	IN
Grundlagenausdauer 1	GA 1	Radfahren	RA	Wiederholungsmethode	WH
Grundlagenausdauer 2	GA 2	Schwimmen	SW	Dauermethode	DA
Wettkampfspezifische Ausdauer	WSA	Mountainbiken	MTB	Wettkampfmethode	WK
Kraftausdauer	KA	In-Line Skaten	IL	Rennen	R
Schnellkrafttraining	SK	Skilanglauf	SL		
		Rollski	RS		
		Krafttraining	KR		

Inhalt der Trainingseinheit
Hier können Sie nochmals detailliert eintragen, wie Sie trainiert haben. Hier werden zum Beispiel Intervalle oder andere Methoden beschrieben, oder eine Krafttrainingseinheit im Kraftraum charakterisiert.

Ort/Strecke
Tragen Sie hier ein, wo Sie das Training oder den Wettkampf durchgeführt haben oder wie Ihre Strecke war. Aus versicherungstechnischen Gründen sind Radsportler mit Lizenz beispielsweise verpflichtet, in Ihrem Trainingsbuch die Trainingsstrecken zu dokumentieren.

Stretching
Stretching sollte zu Ihrem Trainingsprogramm dazugehören, deshalb vermerken Sie es hier durch ein Häkchen oder die Anzahl der Minuten.

Kräftigungsgymnastik
Zum Ausgleich sollten Sie auch eine funktionelle Kräftigungsgymnastik durchführen. Einen Trainingsvorschlag dazu finden Sie im Anhang. In dieser Zeile können Sie eintragen, ob Sie Ihre Gymnastik durchgeführt haben oder ob „der innere Schweinehund" gesiegt hat (Häkchen oder Minuten).

Gewicht
Tragen Sie hier Ihr Morgengewicht nach dem Gang zur Toilette ein. Sie sollten möglichst immer unbekleidet oder mit dem Schlafanzug Ihr Gewicht feststellen.

Ruhepuls (Ruheherzfrequenz)
Ihren Ruhepuls messen Sie morgens vor dem Aufstehen im Bett vorzugsweise am Handgelenk, an der Halsschlagader oder direkt am Herzen. Zählen Sie die Schläge 20 oder 30 Sekunden lang und multiplizieren Sie den Wert dann mit 3 oder 2. Am genauesten können Sie Ihren Puls jedoch mit einem Herzfrequenzmessgerät messen.

Schlaf
Tragen Sie hier Ihre Schlafdauer in Stunden ein. Gegebenenfalls vermerken Sie hier auch die Schlafqualität. Auf jeden Fall sollten hier Nächte vermerkt werden, in denen Sie sehr schlecht geschlafen haben.

Befindlichkeit
Die körperliche Befindlichkeit während der Trainingsbelastung ist sehr wichtig für die spätere Analyse des Trainings. Notieren Sie hier einen Wert von 1 bis 10, der Ihrem Zustand am nächsten kommt. 1 bedeutet sehr schlecht und 10 bedeutet optimal.

Motivation
Auch die Motivation zu trainieren oder an einem Wettkampf teilzunehmen, ist von Bedeutung; tragen Sie hier ebenfalls einen Wert von 1 bis 10 ein. 1 bedeutet „überhaupt keine Lust" und 10 „höchste Motivation".

Gesundheit
Unter Gesundheit können Sie eintragen, ob Sie im Tagesverlauf oder beim Training gesundheitliche Probleme hatten. Hier tragen Sie beispielsweise eine leichte Erkältung oder Schmerzen am Fußgelenk ein. Dies hilft Ihnen später, Ursachen für eventuelle gesundheitliche Probleme nachzuvollziehen. Ein Krankheitstag, an dem kein Training möglich ist, sollte rot markiert werden.

Hf-Diagramm
Hier können Sie entweder durch ein Häkchen oder Kreuz vermerken, dass Sie den Herzfrequenzverlauf dieser Belastung mit Hilfe des POLAR Interface auf Ihrem PC

gespeichert haben (v.a. Wettkämpfe) oder Sie tragen die Belastungsherzfrequenz als Wert ein.

Wetter
Das Wetter kann in dieser Spalte anhand von Temperatur und Witterung beschrieben werden. Dies sollten Sie insbesondere bei Leistungstests und Wettkämpfen tun. Außerdem kann es im Nachhinein Aufschlüsse über eventuelle Trainingspausen (Regenwochen) geben.

Bemerkungen
Notieren Sie hier alles, was Ihnen sonst noch wichtig erscheint und nicht durch die anderen Felder abgedeckt wird. Auch Kleinigkeiten wie zum Beispiel neue Laufschuhe, ein neues Rad oder neue Langlaufskier sollten hier eingetragen werden.

Unter der Tabelle tragen Sie jeweils den **Übertrag** vom vorherigen Wochenprotokoll ein; allerdings nur den Gesamttrainingsumfang (h; km). Addieren Sie am Ende einer Woche die Umfangssummen (h; km) dieser Woche zu den Gesamtwerten (Summen der vorherigen Wochen) und tragen diese beiden Zahlen in das folgende Wochenprotokoll ein.

Jedes POLAR-Herzfrequenzmessgerät besteht aus einem Empfänger im Design einer Armbanduhr und einem komfortablen Brustgurt mit integriertem Sender.

TRAININGS- UND WETTKAMPFDOKUMENTATION

24 MUSTER   _20._ **Woche vom** _12._ **bis** _19.5._

Dauer (h) / (km) Distanz	Sportart/ Trainingsmittel		Montag		Dienstag		Mittwoch	
			h	km	h	km	h	km
		KO	1	25				
	Rad {	GA1			4	110	5	135
		GA2						
		WSA						
		KA						
		MTB						
		Inline	0:30	10				
		Rennen						
Inhalt der Trainingseinheit			Regeneration		GA1!		GA1!	
Ort/ Strecke/ Tageszeit			Runde A abends		Rheinebene nami.		Rheinebene nami.	
Stretching			10		10		−	
Kräftigungsgym.			−		15		−	
Gewicht (kg)			75		75,5		75	
Ruhepuls (S/ min)			48		46		46	
Schlaf (h)			7		7 −		7	
Befindlichkeit (Belast.) (1-10)			6		8		8	
Motivation (1-10)			3		7		6	
Gesundheit			Rücken →		→		o.k. ←	
Hf-Diagramm			✓		✓			
Wetter			22°C		22°C		20°C	
Bemerkungen			müde					

Übertrag (Summe seit Trainingsbeginn): h: _305_   **km:** _6100_

Periode _WP_   MUSTER   25

Donnerstag		Freitag		Samstag		Sonntag		Woche (Summe/Ø)	
h	km	h	km	h	km	h	km	h	km
		1	25					2:00	50
6	160			1	30	0:30	15	16:30	450
				0.10	5			0.10	5
		0.30	10					1:00	20
						2:30	100	2:30	100
								21:10	605
GA1! ganz ruhig		Regeneration →				Rennen			
Rheinebene		Runde A		Runde A		Frankfurt 16.00			
morgens		abends		abends					
–		15		10		10		55	
15		10		–		–		40	
75		74,5		74,5		75		74,5	
48		48		46		44		46,5	
7		6 –		8		8		7,1	
6		6		7		9		7,1	
5		6		8		9		6,3	
						✓			
23°C		18°C Schauer		18°C		20°C			
gute Beine		müde, Hunger				topfit			

2.2 Wochenprotokolle _____ **Woche vom** _____ **bis** _____

	Sportart/ Trainingsmittel	Montag		Dienstag		Mittwoch	
		h	km	h	km	h	km
Dauer (h) / (km) Distanz							
Inhalt der Trainingseinheit							
Ort/ Strecke/ Tageszeit							
Stretching							
Kräftigungsgym.							
Gewicht (kg)							
Ruhepuls (S/ min)							
Schlaf (h)							
Befindlichkeit (Belast.) (1-10)							
Motivation (1-10)							
Gesundheit							
Hf-Diagramm							
Wetter							
Bemerkungen							

Übertrag (Summe seit Trainingsbeginn): h: _____ **km:** _____

Periode _____

Donnerstag		Freitag		Samstag		Sonntag		Woche (Summe/Ø)	
h	km	h	km	h	km	h	km	h	km

28 _____ **Woche vom** _____ **bis** _____

Sportart/ Trainingsmittel	Montag		Dienstag		Mittwoch	
	h	km	h	km	h	km
Dauer (h)						
(km) Distanz						
Inhalt der Trainingseinheit						
Ort/ Strecke/ Tageszeit						
Stretching						
Kräftigungsgym.						
Gewicht (kg)						
Ruhepuls (S/ min)						
Schlaf (h)						
Befindlichkeit (Belast.) (1-10)						
Motivation (1-10)						
Gesundheit						
Hf-Diagramm						
Wetter						
Bemerkungen						

Übertrag (Summe seit Trainingsbeginn): h: _____ **km:** _____

eriode _____

Donnerstag		Freitag		Samstag		Sonntag		Woche (Summe/Ø)	
h	km	h	km	h	km	h	km	h	km

_____ **Woche vom** _____ **bis** _____

Sportart/ Trainingsmittel	Montag		Dienstag		Mittwoch	
	h	km	h	km	h	km
Dauer (h)						
(km) Distanz						
Inhalt der Trainingseinheit						
Ort/ Strecke/ Tageszeit						
Stretching						
Kräftigungsgym.						
Gewicht (kg)						
Ruhepuls (S/ min)						
Schlaf (h)						
Befindlichkeit (Belast.) (1-10)						
Motivation (1-10)						
Gesundheit						
Hf-Diagramm						
Wetter						
Bemerkungen						

Übertrag (Summe seit Trainingsbeginn): **h:** _____ **km:** _____

eriode _____   31

Donnerstag		Freitag		Samstag		Sonntag		Woche (Summe/Ø)	
h	km	h	km	h	km	h	km	h	km

_____ **Woche vom** _____ **bis** _____

	Sportart/ Trainingsmittel	Montag		Dienstag		Mittwoch	
		h	km	h	km	h	km
Dauer (h)							
(km) Distanz							
Inhalt der Trainingseinheit							
Ort/ Strecke/ Tageszeit							
Stretching							
Kräftigungsgym.							
Gewicht (kg)							
Ruhepuls (S/ min)							
Schlaf (h)							
Befindlichkeit (Belast.) (1-10)							
Motivation (1-10)							
Gesundheit							
Hf-Diagramm							
Wetter							
Bemerkungen							

Übertrag (Summe seit Trainingsbeginn): h: _____ **km:** _____

...eriode _____

Donnerstag		Freitag		Samstag		Sonntag		Woche (Summe/Ø)	
h	km	h	km	h	km	h	km	h	km

Woche vom _____ **bis** _____

Sportart/ Trainingsmittel	Montag		Dienstag		Mittwoch	
	h	km	h	km	h	km
Dauer (h)						
(km) Distanz						
Inhalt der Trainingseinheit						
Ort/ Strecke/ Tageszeit						
Stretching						
Kräftigungsgym.						
Gewicht (kg)						
Ruhepuls (S/ min)						
Schlaf (h)						
Befindlichkeit (Belast.) (1-10)						
Motivation (1-10)						
Gesundheit						
Hf-Diagramm						
Wetter						
Bemerkungen						

Übertrag (Summe seit Trainingsbeginn): **h:** _____ **km:** _____

Periode _____

Donnerstag		Freitag		Samstag		Sonntag		Woche (Summe/Ø)	
h	km	h	km	h	km	h	km	h	km

_____ **Woche vom** _____ **bis** _____

Sportart/ Trainingsmittel		Montag		Dienstag		Mittwoch	
Dauer (h) / (km) Distanz		h	km	h	km	h	km
Inhalt der Trainingseinheit							
Ort/ Strecke/ Tageszeit							
Stretching							
Kräftigungsgym.							
Gewicht (kg)							
Ruhepuls (S/ min)							
Schlaf (h)							
Befindlichkeit (Belast.) (1-10)							
Motivation (1-10)							
Gesundheit							
Hf-Diagramm							
Wetter							
Bemerkungen							

Übertrag (Summe seit Trainingsbeginn): **h:** _____ **km:** _____

Periode _____

Donnerstag		Freitag		Samstag		Sonntag		Woche (Summe/Ø)	
h	km	h	km	h	km	h	km	h	km

_____ **Woche vom** _____ **bis** _____

	Sportart/ Trainingsmittel	Montag		Dienstag		Mittwoch	
		h	km	h	km	h	km
Dauer (h)							
(km) Distanz							
Inhalt der Trainingseinheit							
Ort/ Strecke/ Tageszeit							
Stretching							
Kräftigungsgym.							
Gewicht (kg)							
Ruhepuls (S/ min)							
Schlaf (h)							
Befindlichkeit (Belast.) (1-10)							
Motivation (1-10)							
Gesundheit							
Hf-Diagramm							
Wetter							
Bemerkungen							

Übertrag (Summe seit Trainingsbeginn): h: _____ **km:** _____

Periode _____

Donnerstag		Freitag		Samstag		Sonntag		Woche (Summe/Ø)	
h	km	h	km	h	km	h	km	h	km

_____ **Woche vom** _____ **bis** _____

Sportart/ Trainingsmittel		Montag		Dienstag		Mittwoch	
Dauer (h) / (km) Distanz		h	km	h	km	h	km
Inhalt der Trainingseinheit							
Ort/ Strecke/ Tageszeit							
Stretching							
Kräftigungsgym.							
Gewicht (kg)							
Ruhepuls (S/ min)							
Schlaf (h)							
Befindlichkeit (Belast.) (1-10)							
Motivation (1-10)							
Gesundheit							
Hf-Diagramm							
Wetter							
Bemerkungen							

Übertrag (Summe seit Trainingsbeginn): h: _____ **km:** _____

Periode _____   41

Donnerstag		Freitag		Samstag		Sonntag		Woche (Summe/Ø)	
h	km	h	km	h	km	h	km	h	km

Woche vom _____ bis _____

Sportart/ Trainingsmittel	Montag		Dienstag		Mittwoch	
	h	km	h	km	h	km
Dauer (h) / (km) Distanz						
Inhalt der Trainingseinheit						
Ort/ Strecke/ Tageszeit						
Stretching						
Kräftigungsgym.						
Gewicht (kg)						
Ruhepuls (S/ min)						
Schlaf (h)						
Befindlichkeit (Belast.) (1-10)						
Motivation (1-10)						
Gesundheit						
Hf-Diagramm						
Wetter						
Bemerkungen						

Übertrag (Summe seit Trainingsbeginn): **h:** _____ **km:** _____

Periode _____

Donnerstag		Freitag		Samstag		Sonntag		Woche (Summe/Ø)	
h	km	h	km	h	km	h	km	h	km

Woche vom _____ **bis** _____

	Sportart/ Trainingsmittel	Montag		Dienstag		Mittwoch	
		h	km	h	km	h	km
Dauer (h)							
(km) Distanz							
Inhalt der Trainingseinheit							
Ort/ Strecke/ Tageszeit							
Stretching							
Kräftigungsgym.							
Gewicht (kg)							
Ruhepuls (S/ min)							
Schlaf (h)							
Befindlichkeit (Belast.) (1-10)							
Motivation (1-10)							
Gesundheit							
Hf-Diagramm							
Wetter							
Bemerkungen							

Übertrag (Summe seit Trainingsbeginn): **h:** _____ **km:** _____

Periode _____

Donnerstag		Freitag		Samstag		Sonntag		Woche (Summe/Ø)	
h	km	h	km	h	km	h	km	h	km

_____ **Woche vom** _____ **bis** _____

	Sportart/ Trainingsmittel	Montag		Dienstag		Mittwoch	
		h	km	h	km	h	km
Dauer (h)							
(km) Distanz							
Inhalt der Trainingseinheit							
Ort/ Strecke/ Tageszeit							
Stretching							
Kräftigungsgym.							
Gewicht (kg)							
Ruhepuls (S/ min)							
Schlaf (h)							
Befindlichkeit (Belast.) (1-10)							
Motivation (1-10)							
Gesundheit							
Hf-Diagramm							
Wetter							
Bemerkungen							

Übertrag (Summe seit Trainingsbeginn): h: _____ **km:** _____

Periode _____

Donnerstag		Freitag		Samstag		Sonntag		Woche (Summe/Ø)	
h	km	h	km	h	km	h	km	h	km

48 _____ **Woche vom** _____ **bis** _____

Sportart/ Trainingsmittel		Montag		Dienstag		Mittwoch	
		h	km	h	km	h	km
Dauer (h) / (km) Distanz							
Inhalt der Trainingseinheit					
Ort/ Strecke/ Tageszeit					
Stretching					
Kräftigungsgym.					
Gewicht (kg)					
Ruhepuls (S/ min)					
Schlaf (h)					
Befindlichkeit (Belast.) (1-10)					
Motivation (1-10)					
Gesundheit					
Hf-Diagramm					
Wetter					
Bemerkungen					

Übertrag (**Summe seit Trainingsbeginn**): **h:** _____ **km:** _____

eriode _____

Donnerstag		Freitag		Samstag		Sonntag		Woche (Summe/Ø)	
h	km	h	km	h	km	h	km	h	km

_____ **Woche vom** _____ **bis** _____

	Sportart/ Trainingsmittel	Montag		Dienstag		Mittwoch	
		h	km	h	km	h	km
Dauer (h) / (km) Distanz							
Inhalt der Trainingseinheit							
Ort/ Strecke/ Tageszeit							
Stretching							
Kräftigungsgym.							
Gewicht (kg)							
Ruhepuls (S/ min)							
Schlaf (h)							
Befindlichkeit (Belast.) (1-10)							
Motivation (1-10)							
Gesundheit							
Hf-Diagramm							
Wetter							
Bemerkungen							

Übertrag (**Summe seit Trainingsbeginn**): **h:** _____ **km:** _____

Periode _____

Donnerstag		Freitag		Samstag		Sonntag		Woche (Summe/Ø)	
h	km	h	km	h	km	h	km	h	km

_____ **Woche vom** _____ **bis** _____

	Sportart/ Trainingsmittel	Montag		Dienstag		Mittwoch	
		h	km	h	km	h	km
Dauer (h) / / / / / / / (km) / Distanz							
Inhalt der Trainingseinheit							
Ort/ Strecke/ Tageszeit							
Stretching							
Kräftigungsgym.							
Gewicht (kg)							
Ruhepuls (S/ min)							
Schlaf (h)							
Befindlichkeit (Belast.) (1-10)							
Motivation (1-10)							
Gesundheit							
Hf-Diagramm							
Wetter							
Bemerkungen							

Übertrag (Summe seit Trainingsbeginn): **h:** _____ **km:** _____

Periode _____

Donnerstag		Freitag		Samstag		Sonntag		Woche (Summe/Ø)	
h	km	h	km	h	km	h	km	h	km

_____ **Woche vom** _____ **bis** _____

Sportart/ Trainingsmittel		Montag		Dienstag		Mittwoch	
Dauer (h) / (km) Distanz		h	km	h	km	h	km
Inhalt der Trainingseinheit							
Ort/ Strecke/ Tageszeit							
Stretching							
Kräftigungsgym.							
Gewicht (kg)							
Ruhepuls (S/ min)							
Schlaf (h)							
Befindlichkeit (Belast.) (1-10)							
Motivation (1-10)							
Gesundheit							
Hf-Diagramm							
Wetter							
Bemerkungen							

Übertrag (Summe seit Trainingsbeginn): **h:** _____ **km:** _____

eriode _____

Donnerstag		Freitag		Samstag		Sonntag		Woche (Summe/Ø)	
h	km	h	km	h	km	h	km	h	km

_____ **Woche vom** _____ **bis** _____

Sportart/ Trainingsmittel	Montag		Dienstag		Mittwoch	
	h	km	h	km	h	km
Dauer (h)						
(km) Distanz						
Inhalt der Trainingseinheit						
Ort/ Strecke/ Tageszeit						
Stretching						
Kräftigungsgym.						
Gewicht (kg)						
Ruhepuls (S/ min)						
Schlaf (h)						
Befindlichkeit (Belast.) (1-10)						
Motivation (1-10)						
Gesundheit						
Hf-Diagramm						
Wetter						
Bemerkungen						

Übertrag (Summe seit Trainingsbeginn): **h:** _____ **km:** _____

Periode _____

57

Donnerstag		Freitag		Samstag		Sonntag		Woche (Summe/Ø)	
h	km	h	km	h	km	h	km	h	km

_____ **Woche vom** _____ **bis** _____

	Sportart/ Trainingsmittel	Montag		Dienstag		Mittwoch	
		h	km	h	km	h	km
Dauer (h)							
(km) Distanz							
Inhalt der Trainingseinheit							
Ort/ Strecke/ Tageszeit							
Stretching							
Kräftigungsgym.							
Gewicht (kg)							
Ruhepuls (S/ min)							
Schlaf (h)							
Befindlichkeit (Belast.) (1-10)							
Motivation (1-10)							
Gesundheit							
Hf-Diagramm							
Wetter							
Bemerkungen							

Übertrag (Summe seit Trainingsbeginn): **h:** _____ **km:** _____

Periode _____

Donnerstag		Freitag		Samstag		Sonntag		Woche (Summe/Ø)	
h	km	h	km	h	km	h	km	h	km

60　　　　　　　　　　　　　　　　　_____ **Woche vom** _____ **bis** _____

Dauer (h) / (km) Distanz	Sportart/ Trainingsmittel	Montag		Dienstag		Mittwoch	
		h	km	h	km	h	km
Inhalt der Trainingseinheit							
Ort/ Strecke/ Tageszeit							
Stretching							
Kräftigungsgym.							
Gewicht (kg)							
Ruhepuls (S/ min)							
Schlaf (h)							
Befindlichkeit (Belast.) (1-10)							
Motivation (1-10)							
Gesundheit							
Hf-Diagramm							
Wetter							
Bemerkungen							

Übertrag (Summe seit Trainingsbeginn): h: _____ **km:** _____

Periode _____

Donnerstag		Freitag		Samstag		Sonntag		Woche (Summe/Ø)	
h	km	h	km	h	km	h	km	h	km

_____ **Woche vom** _____ **bis** _____

	Sportart/ Trainingsmittel	Montag		Dienstag		Mittwoch	
		h	km	h	km	h	km
Dauer (h) / / (km) Distanz							
Inhalt der Trainingseinheit							
Ort/ Strecke/ Tageszeit							
Stretching							
Kräftigungsgym.							
Gewicht (kg)							
Ruhepuls (S/ min)							
Schlaf (h)							
Befindlichkeit (Belast.) (1-10)							
Motivation (1-10)							
Gesundheit							
Hf-Diagramm							
Wetter							
Bemerkungen							

Übertrag (Summe seit Trainingsbeginn): **h:** _____   **km:** _____

Periode _____

Donnerstag		Freitag		Samstag		Sonntag		Woche (Summe/Ø)	
h	km	h	km	h	km	h	km	h	km

Woche vom _____ **bis** _____

Sportart/ Trainingsmittel	Montag		Dienstag		Mittwoch	
	h	km	h	km	h	km
Dauer (h)						
(km) Distanz						
Inhalt der Trainingseinheit						
Ort/ Strecke/ Tageszeit						
Stretching						
Kräftigungsgym.						
Gewicht (kg)						
Ruhepuls (S/ min)						
Schlaf (h)						
Befindlichkeit (Belast.) (1-10)						
Motivation (1-10)						
Gesundheit						
Hf-Diagramm						
Wetter						
Bemerkungen						

Übertrag (Summe seit Trainingsbeginn): h: _____ **km:** _____

Periode _____

Donnerstag		Freitag		Samstag		Sonntag		Woche (Summe/Ø)	
h	km	h	km	h	km	h	km	h	km

Woche vom _____ **bis** _____

	Sportart/ Trainingsmittel	Montag		Dienstag		Mittwoch	
		h	km	h	km	h	km
Dauer (h)							
(km) Distanz							
Inhalt der Trainingseinheit							
Ort/ Strecke/ Tageszeit							
Stretching							
Kräftigungsgym.							
Gewicht (kg)							
Ruhepuls (S/ min)							
Schlaf (h)							
Befindlichkeit (Belast.) (1-10)							
Motivation (1-10)							
Gesundheit							
Hf-Diagramm							
Wetter							
Bemerkungen							

Übertrag (Summe seit Trainingsbeginn): **h:** _____ **km:** _____

Periode _____

Donnerstag		Freitag		Samstag		Sonntag		Woche (Summe/Ø)	
h	km	h	km	h	km	h	km	h	km

Woche vom _____ **bis** _____

Sportart/ Trainingsmittel		Montag		Dienstag		Mittwoch	
		h	km	h	km	h	km
Dauer (h) / (km) Distanz							
Inhalt der Trainingseinheit							
Ort/ Strecke/ Tageszeit							
Stretching							
Kräftigungsgym.							
Gewicht (kg)							
Ruhepuls (S/ min)							
Schlaf (h)							
Befindlichkeit (Belast.) (1-10)							
Motivation (1-10)							
Gesundheit							
Hf-Diagramm							
Wetter							
Bemerkungen							

Übertrag (Summe seit Trainingsbeginn): **h:** _____ **km:** _____

Periode _____

Donnerstag		Freitag		Samstag		Sonntag		Woche (Summe/Ø)	
h	km	h	km	h	km	h	km	h	km

Woche vom _____ **bis** _____

Sportart/ Trainingsmittel		Montag		Dienstag		Mittwoch	
		h	km	h	km	h	km
Dauer (h)							
(km) Distanz							
Inhalt der Trainingseinheit							
Ort/ Strecke/ Tageszeit							
Stretching							
Kräftigungsgym.							
Gewicht (kg)							
Ruhepuls (S/ min)							
Schlaf (h)							
Befindlichkeit (Belast.) (1-10)							
Motivation (1-10)							
Gesundheit							
Hf-Diagramm							
Wetter							
Bemerkungen							

Übertrag (**Summe seit Trainingsbeginn**): **h:** _____ **km:** _____

Periode _____

Donnerstag		Freitag		Samstag		Sonntag		Woche (Summe/Ø)	
h	km	h	km	h	km	h	km	h	km

_____ **Woche vom** _____ **bis** _____

Sportart/ Trainingsmittel	Montag		Dienstag		Mittwoch	
	h	km	h	km	h	km
Dauer (h)						
(km) Distanz						
Inhalt der Trainingseinheit						
Ort/ Strecke/ Tageszeit						
Stretching						
Kräftigungsgym.						
Gewicht (kg)						
Ruhepuls (S/ min)						
Schlaf (h)						
Befindlichkeit (Belast.) (1-10)						
Motivation (1-10)						
Gesundheit						
Hf-Diagramm						
Wetter						
Bemerkungen						

Übertrag (Summe seit Trainingsbeginn): h: _____ **km:** _____

Periode _____

Donnerstag		Freitag		Samstag		Sonntag		Woche (Summe/Ø)	
h	km	h	km	h	km	h	km	h	km

Woche vom _____ **bis** _____

Dauer (h) / (km) Distanz — Sportart/ Trainingsmittel	Montag		Dienstag		Mittwoch	
	h	km	h	km	h	km
Inhalt der Trainingseinheit						
Ort/ Strecke/ Tageszeit						
Stretching						
Kräftigungsgym.						
Gewicht (kg)						
Ruhepuls (S/ min)						
Schlaf (h)						
Befindlichkeit (Belast.) (1-10)						
Motivation (1-10)						
Gesundheit						
Hf-Diagramm						
Wetter						
Bemerkungen						

Übertrag (Summe seit Trainingsbeginn): **h:** _____ **km:** _____

Periode _____

Donnerstag		Freitag		Samstag		Sonntag		Woche (Summe/Ø)	
h	km	h	km	h	km	h	km	h	km

_____ **Woche vom** _____ **bis** _____

	Sportart/ Trainingsmittel	Montag		Dienstag		Mittwoch	
		h	km	h	km	h	km
Dauer (h) / (km) Distanz							
Inhalt der Trainingseinheit							
Ort/ Strecke/ Tageszeit							
Stretching							
Kräftigungsgym.							
Gewicht (kg)							
Ruhepuls (S/ min)							
Schlaf (h)							
Befindlichkeit (Belast.) (1-10)							
Motivation (1-10)							
Gesundheit							
Hf-Diagramm							
Wetter							
Bemerkungen							

Übertrag (Summe seit Trainingsbeginn): **h:** _____ **km:** _____

Periode _____

Donnerstag		Freitag		Samstag		Sonntag		Woche (Summe/Ø)	
h	km	h	km	h	km	h	km	h	km

_____ **Woche vom** _____ **bis** _____

Sportart/ Trainingsmittel	Montag		Dienstag		Mittwoch	
	h	km	h	km	h	km
Dauer (h)						
(km) Distanz						
Inhalt der Trainingseinheit						
Ort/ Strecke/ Tageszeit						
Stretching						
Kräftigungsgym.						
Gewicht (kg)						
Ruhepuls (S/ min)						
Schlaf (h)						
Befindlichkeit (Belast.) (1-10)						
Motivation (1-10)						
Gesundheit						
Hf-Diagramm						
Wetter						
Bemerkungen						

Übertrag (**Summe seit Trainingsbeginn**)**: h:** _____ **km:** _____

eriode _____

Donnerstag		Freitag		Samstag		Sonntag		Woche (Summe/Ø)	
h	km	h	km	h	km	h	km	h	km

_____ Woche vom _____ bis _____

Sportart/ Trainingsmittel	Montag		Dienstag		Mittwoch	
	h	km	h	km	h	km
Dauer (h)						
(km) Distanz						
Inhalt der Trainingseinheit						
Ort/ Strecke/ Tageszeit						
Stretching						
Kräftigungsgym.						
Gewicht (kg)						
Ruhepuls (S/ min)						
Schlaf (h)						
Befindlichkeit (Belast.) (1-10)						
Motivation (1-10)						
Gesundheit						
Hf-Diagramm						
Wetter						
Bemerkungen						

Übertrag (Summe seit Trainingsbeginn): **h:** _____ **km:** _____

Periode _____

Donnerstag		Freitag		Samstag		Sonntag		Woche (Summe/Ø)	
h	km	h	km	h	km	h	km	h	km

_____ Woche vom _____ bis _____

Sportart/ Trainingsmittel		Montag		Dienstag		Mittwoch	
		h	km	h	km	h	km
Dauer (h) / (km) Distanz							
Inhalt der Trainingseinheit							
Ort/ Strecke/ Tageszeit							
Stretching							
Kräftigungsgym.							
Gewicht (kg)							
Ruhepuls (S/ min)							
Schlaf (h)							
Befindlichkeit (Belast.) (1-10)							
Motivation (1-10)							
Gesundheit							
Hf-Diagramm							
Wetter							
Bemerkungen							

Übertrag (Summe seit Trainingsbeginn): h: _____ **km:** _____

Periode _____

Donnerstag		Freitag		Samstag		Sonntag		Woche (Summe/Ø)	
h	km	h	km	h	km	h	km	h	km

_____ **Woche vom** _____ **bis** _____

Sportart/ Trainingsmittel	Montag		Dienstag		Mittwoch	
	h	km	h	km	h	km
Dauer (h)						
(km) Distanz						
Inhalt der Trainingseinheit						
Ort/ Strecke/ Tageszeit						
Stretching						
Kräftigungsgym.						
Gewicht (kg)						
Ruhepuls (S/ min)						
Schlaf (h)						
Befindlichkeit (Belast.) (1-10)						
Motivation (1-10)						
Gesundheit						
Hf-Diagramm						
Wetter						
Bemerkungen						

Übertrag (Summe seit Trainingsbeginn): h: _____ **km:** _____

Periode _____

Donnerstag		Freitag		Samstag		Sonntag		Woche (Summe/Ø)	
h	km	h	km	h	km	h	km	h	km

_____ **Woche vom** _____ **bis** _____

	Sportart/ Trainingsmittel	Montag		Dienstag		Mittwoch	
		h	km	h	km	h	km
Dauer (h) / (km) Distanz							
Inhalt der Trainingseinheit							
Ort/ Strecke/ Tageszeit							
Stretching							
Kräftigungsgym.							
Gewicht (kg)							
Ruhepuls (S/ min)							
Schlaf (h)							
Befindlichkeit (Belast.) (1-10)							
Motivation (1-10)							
Gesundheit							
Hf-Diagramm							
Wetter							
Bemerkungen							

Übertrag (Summe seit Trainingsbeginn): **h:** _____ **km:** _____

Periode _____

Donnerstag		Freitag		Samstag		Sonntag		Woche (Summe/Ø)	
h	km	h	km	h	km	h	km	h	km

_____ **Woche vom** _____ **bis** _____

	Sportart/ Trainingsmittel	Montag		Dienstag		Mittwoch	
		h	km	h	km	h	km
Dauer (h)							
(km) Distanz							
Inhalt der Trainingseinheit							
Ort/ Strecke/ Tageszeit							
Stretching							
Kräftigungsgym.							
Gewicht (kg)							
Ruhepuls (S/ min)							
Schlaf (h)							
Befindlichkeit (Belast.) (1-10)							
Motivation (1-10)							
Gesundheit							
Hf-Diagramm							
Wetter							
Bemerkungen							

Übertrag (Summe seit Trainingsbeginn): **h:** _____ **km:** _____

Periode _____

Donnerstag		Freitag		Samstag		Sonntag		Woche (Summe/Ø)	
h	km	h	km	h	km	h	km	h	km

Woche vom _____ **bis** _____

Sportart/ Trainingsmittel	Montag		Dienstag		Mittwoch	
	h	km	h	km	h	km
Dauer (h)						
(km) Distanz						
Inhalt der Trainingseinheit						
Ort/ Strecke/ Tageszeit						
Stretching						
Kräftigungsgym.						
Gewicht (kg)						
Ruhepuls (S/ min)						
Schlaf (h)						
Befindlichkeit (Belast.) (1-10)						
Motivation (1-10)						
Gesundheit						
Hf-Diagramm						
Wetter						
Bemerkungen						

Übertrag (Summe seit Trainingsbeginn): **h:** _____ **km:** _____

Periode _____

Donnerstag		Freitag		Samstag		Sonntag		Woche (Summe/Ø)	
h	km	h	km	h	km	h	km	h	km

_____ **Woche vom** _____ **bis** _____

	Sportart/ Trainingsmittel	Montag		Dienstag		Mittwoch	
		h	km	h	km	h	km
Dauer (h) / (km) Distanz							
Inhalt der Trainingseinheit							
Ort/ Strecke/ Tageszeit							
Stretching							
Kräftigungsgym.							
Gewicht (kg)							
Ruhepuls (S/ min)							
Schlaf (h)							
Befindlichkeit (Belast.) (1-10)							
Motivation (1-10)							
Gesundheit							
Hf-Diagramm							
Wetter							
Bemerkungen							

Übertrag (Summe seit Trainingsbeginn): **h:** _____ **km:** _____

Periode _____

Donnerstag		Freitag		Samstag		Sonntag		Woche (Summe/Ø)	
h	km	h	km	h	km	h	km	h	km

_____ **Woche vom** _____ **bis** _____

	Sportart/ Trainingsmittel	Montag		Dienstag		Mittwoch	
		h	km	h	km	h	km
Dauer (h) / (km) Distanz							
Inhalt der Trainingseinheit							
Ort/ Strecke/ Tageszeit							
Stretching							
Kräftigungsgym.							
Gewicht (kg)							
Ruhepuls (S/ min)							
Schlaf (h)							
Befindlichkeit (Belast.) (1-10)							
Motivation (1-10)							
Gesundheit							
Hf-Diagramm							
Wetter							
Bemerkungen							

Übertrag (Summe seit Trainingsbeginn): **h:** _____ **km:** _____

eriode _____

Donnerstag		Freitag		Samstag		Sonntag		Woche (Summe/Ø)	
h	km	h	km	h	km	h	km	h	km

_____ **Woche vom** _____ **bis** _____

Sportart/ Trainingsmittel		Montag		Dienstag		Mittwoch	
		h	km	h	km	h	km
Dauer (h)							
(km) Distanz							
Inhalt der Trainingseinheit							
Ort/ Strecke/ Tageszeit							
Stretching							
Kräftigungsgym.							
Gewicht (kg)							
Ruhepuls (S/ min)							
Schlaf (h)							
Befindlichkeit (Belast.) (1-10)							
Motivation (1-10)							
Gesundheit							
Hf-Diagramm							
Wetter							
Bemerkungen							

Übertrag (**Summe seit Trainingsbeginn**): **h:** _____ **km:** _____

...eriode _____

Donnerstag		Freitag		Samstag		Sonntag		Woche (Summe/Ø)	
h	km	h	km	h	km	h	km	h	km

_____ **Woche vom** _____ **bis** _____

	Sportart/ Trainingsmittel	Montag		Dienstag		Mittwoch	
		h	km	h	km	h	km
Dauer (h) / (km) Distanz							
Inhalt der Trainingseinheit							
Ort/ Strecke/ Tageszeit							
Stretching							
Kräftigungsgym.							
Gewicht (kg)							
Ruhepuls (S/ min)							
Schlaf (h)							
Befindlichkeit (Belast.) (1-10)							
Motivation (1-10)							
Gesundheit							
Hf-Diagramm							
Wetter							
Bemerkungen							

Übertrag (**Summe seit Trainingsbeginn**): **h:** _____ **km:** _____

Periode _____

Donnerstag		Freitag		Samstag		Sonntag		Woche (Summe/Ø)	
h	km	h	km	h	km	h	km	h	km

_____ **Woche vom** _____ **bis** _____

Sportart/ Trainingsmittel		Montag		Dienstag		Mittwoch	
		h	km	h	km	h	km
Dauer (h)							
(km) Distanz							
Inhalt der Trainingseinheit							
Ort/ Strecke/ Tageszeit							
Stretching							
Kräftigungsgym.							
Gewicht (kg)							
Ruhepuls (S/ min)							
Schlaf (h)							
Befindlichkeit (Belast.) (1-10)							
Motivation (1-10)							
Gesundheit							
Hf-Diagramm							
Wetter							
Bemerkungen							

Übertrag (Summe seit Trainingsbeginn): **h:** _____ **km:** _____

eriode _____

Donnerstag		Freitag		Samstag		Sonntag		Woche (Summe/Ø)	
h	km	h	km	h	km	h	km	h	km

_____ **Woche vom** _____ **bis** _____

Sportart/ Trainingsmittel		Montag		Dienstag		Mittwoch	
Dauer (h) / (km) Distanz		h	km	h	km	h	km
Inhalt der Trainingseinheit							
Ort/ Strecke/ Tageszeit							
Stretching							
Kräftigungsgym.							
Gewicht (kg)							
Ruhepuls (S/ min)							
Schlaf (h)							
Befindlichkeit (Belast.) (1-10)							
Motivation (1-10)							
Gesundheit							
Hf-Diagramm							
Wetter							
Bemerkungen							

Übertrag (Summe seit Trainingsbeginn): h: _____ **km:** _____

Periode _____

Donnerstag		Freitag		Samstag		Sonntag		Woche (Summe/Ø)	
h	km	h	km	h	km	h	km	h	km

_____ Woche vom _____ bis _____

	Sportart/ Trainingsmittel	Montag		Dienstag		Mittwoch	
		h	km	h	km	h	km
Dauer (h) / (km) Distanz							
Inhalt der Trainingseinheit							
Ort/ Strecke/ Tageszeit							
Stretching							
Kräftigungsgym.							
Gewicht (kg)							
Ruhepuls (S/ min)							
Schlaf (h)							
Befindlichkeit (Belast.) (1-10)							
Motivation (1-10)							
Gesundheit							
Hf-Diagramm							
Wetter							
Bemerkungen							

Übertrag (Summe seit Trainingsbeginn): **h:** _____ **km:** _____

Periode _____

Donnerstag		Freitag		Samstag		Sonntag		Woche (Summe/Ø)	
h	km	h	km	h	km	h	km	h	km

_____ **Woche vom** _____ **bis** _____

	Sportart/ Trainingsmittel	Montag		Dienstag		Mittwoch	
		h	km	h	km	h	km
Dauer (h) / / / / / / / (km)/ Distanz							
Inhalt der Trainingseinheit							
Ort/ Strecke/ Tageszeit							
Stretching							
Kräftigungsgym.							
Gewicht (kg)							
Ruhepuls (S/ min)							
Schlaf (h)							
Befindlichkeit (Belast.) (1-10)							
Motivation (1-10)							
Gesundheit							
Hf-Diagramm							
Wetter							
Bemerkungen							

Übertrag (Summe seit Trainingsbeginn): **h:** _____ **km:** _____

Periode _____

Donnerstag		Freitag		Samstag		Sonntag		Woche (Summe/Ø)	
h	km	h	km	h	km	h	km	h	km

_____ **Woche vom** _____ **bis** _____

Sportart/ Trainingsmittel	Montag		Dienstag		Mittwoch	
	h	km	h	km	h	km
Dauer (h)						
(km) Distanz						
Inhalt der Trainingseinheit						
Ort/ Strecke/ Tageszeit						
Stretching						
Kräftigungsgym.						
Gewicht (kg)						
Ruhepuls (S/ min)						
Schlaf (h)						
Befindlichkeit (Belast.) (1-10)						
Motivation (1-10)						
Gesundheit						
Hf-Diagramm						
Wetter						
Bemerkungen						

Übertrag (Summe seit Trainingsbeginn): **h:** _____ **km:** _____

eriode _____

Donnerstag		Freitag		Samstag		Sonntag		Woche (Summe/Ø)	
h	km	h	km	h	km	h	km	h	km

Woche vom _____ **bis** _____

	Sportart/ Trainingsmittel	Montag		Dienstag		Mittwoch	
		h	km	h	km	h	km
Dauer (h)							
(km) Distanz							
Inhalt der Trainingseinheit							
Ort/ Strecke/ Tageszeit							
Stretching							
Kräftigungsgym.							
Gewicht (kg)							
Ruhepuls (S/ min)							
Schlaf (h)							
Befindlichkeit (Belast.) (1-10)							
Motivation (1-10)							
Gesundheit							
Hf-Diagramm							
Wetter							
Bemerkungen							

Übertrag (Summe seit Trainingsbeginn): h: _____ **km:** _____

Periode _____

Donnerstag		Freitag		Samstag		Sonntag		Woche (Summe/Ø)	
h	km	h	km	h	km	h	km	h	km

_____ **Woche vom** _____ **bis** _____

Sportart/ Trainingsmittel	Montag		Dienstag		Mittwoch	
	h	km	h	km	h	km
Dauer (h)						
(km) Distanz						
Inhalt der Trainingseinheit						
Ort/ Strecke/ Tageszeit						
Stretching						
Kräftigungsgym.						
Gewicht (kg)						
Ruhepuls (S/ min)						
Schlaf (h)						
Befindlichkeit (Belast.) (1-10)						
Motivation (1-10)						
Gesundheit						
Hf-Diagramm						
Wetter						
Bemerkungen						

Übertrag (Summe seit Trainingsbeginn): h: _____ **km:** _____

Periode _____

Donnerstag		Freitag		Samstag		Sonntag		Woche (Summe/Ø)	
h	km	h	km	h	km	h	km	h	km

Woche vom _____ **bis** _____

Sportart/ Trainingsmittel	Montag		Dienstag		Mittwoch	
	h	km	h	km	h	km
Dauer (h) / (km) Distanz						
Inhalt der Trainingseinheit						
Ort/ Strecke/ Tageszeit						
Stretching						
Kräftigungsgym.						
Gewicht (kg)						
Ruhepuls (S/ min)						
Schlaf (h)						
Befindlichkeit (Belast.) (1-10)						
Motivation (1-10)						
Gesundheit						
Hf-Diagramm						
Wetter						
Bemerkungen						

Übertrag (Summe seit Trainingsbeginn): h: _____ **km:** _____

eriode _____

Donnerstag		Freitag		Samstag		Sonntag		Woche (Summe/Ø)	
h	km	h	km	h	km	h	km	h	km

Woche vom _____ **bis** _____

	Sportart/ Trainingsmittel	Montag		Dienstag		Mittwoch	
		h	km	h	km	h	km
Dauer (h) / (km) Distanz							
Inhalt der Trainingseinheit							
Ort/ Strecke/ Tageszeit							
Stretching							
Kräftigungsgym.							
Gewicht (kg)							
Ruhepuls (S/ min)							
Schlaf (h)							
Befindlichkeit (Belast.) (1-10)							
Motivation (1-10)							
Gesundheit							
Hf-Diagramm							
Wetter							
Bemerkungen							

Übertrag (Summe seit Trainingsbeginn): **h:** _____ **km:** _____

Periode _____

Donnerstag		Freitag		Samstag		Sonntag		Woche (Summe/Ø)	
h	km	h	km	h	km	h	km	h	km

_____ **Woche vom** _____ **bis** _____

	Sportart/ Trainingsmittel	Montag		Dienstag		Mittwoch	
		h	km	h	km	h	km
Dauer (h) / (km) Distanz							
Inhalt der Trainingseinheit							
Ort/ Strecke/ Tageszeit							
Stretching							
Kräftigungsgym.							
Gewicht (kg)							
Ruhepuls (S/ min)							
Schlaf (h)							
Befindlichkeit (Belast.) (1-10)							
Motivation (1-10)							
Gesundheit							
Hf-Diagramm							
Wetter							
Bemerkungen							

Übertrag (Summe seit Trainingsbeginn): **h:** _____ **km:** _____

Periode _____

Donnerstag		Freitag		Samstag		Sonntag		Woche (Summe/Ø)	
h	km	h	km	h	km	h	km	h	km

_____ **Woche vom** _____ **bis** _____

	Sportart/ Trainingsmittel	Montag		Dienstag		Mittwoch	
		h	km	h	km	h	km
Dauer (h) / (km) Distanz							
Inhalt der Trainingseinheit							
Ort/ Strecke/ Tageszeit							
Stretching							
Kräftigungsgym.							
Gewicht (kg)							
Ruhepuls (S/ min)							
Schlaf (h)							
Befindlichkeit (Belast.) (1-10)							
Motivation (1-10)							
Gesundheit							
Hf-Diagramm							
Wetter							
Bemerkungen							

Übertrag (Summe seit Trainingsbeginn): **h:** _____ **km:** _____

Periode _____

Donnerstag		Freitag		Samstag		Sonntag		Woche (Summe/Ø)	
h	km	h	km	h	km	h	km	h	km

_____ **Woche vom** _____ **bis** _____

	Sportart/ Trainingsmittel	Montag		Dienstag		Mittwoch	
		h	km	h	km	h	km
Dauer (h) / (km) Distanz							
Inhalt der Trainingseinheit							
Ort/ Strecke/ Tageszeit							
Stretching							
Kräftigungsgym.							
Gewicht (kg)							
Ruhepuls (S/ min)							
Schlaf (h)							
Befindlichkeit (Belast.) (1-10)							
Motivation (1-10)							
Gesundheit							
Hf-Diagramm							
Wetter							
Bemerkungen							

Übertrag (Summe seit Trainingsbeginn): **h:** _____ **km:** _____

eriode _____

Donnerstag		Freitag		Samstag		Sonntag		Woche (Summe/Ø)	
h	km	h	km	h	km	h	km	h	km

_____ **Woche vom** _____ **bis** _____

Sportart/ Trainingsmittel		Montag		Dienstag		Mittwoch	
		h	km	h	km	h	km
Dauer (h) / (km) Distanz							
Inhalt der Trainingseinheit							
Ort/ Strecke/ Tageszeit							
Stretching							
Kräftigungsgym.							
Gewicht (kg)							
Ruhepuls (S/ min)							
Schlaf (h)							
Befindlichkeit (Belast.) (1-10)							
Motivation (1-10)							
Gesundheit							
Hf-Diagramm							
Wetter							
Bemerkungen							

Übertrag (**Summe seit Trainingsbeginn**): **h:** _____ **km:** _____

Periode _____

Donnerstag		Freitag		Samstag		Sonntag		Woche (Summe/Ø)	
h	km	h	km	h	km	h	km	h	km

_____ **Woche vom** _____ **bis** _____

Sportart/ Trainingsmittel	Montag		Dienstag		Mittwoch	
	h	km	h	km	h	km
Dauer (h)						
(km) Distanz						
Inhalt der Trainingseinheit						
Ort/ Strecke/ Tageszeit						
Stretching						
Kräftigungsgym.						
Gewicht (kg)						
Ruhepuls (S/ min)						
Schlaf (h)						
Befindlichkeit (Belast.) (1-10)						
Motivation (1-10)						
Gesundheit						
Hf-Diagramm						
Wetter						
Bemerkungen						

Übertrag (Summe seit Trainingsbeginn): **h:** _____ **km:** _____

...eriode _____

Donnerstag		Freitag		Samstag		Sonntag		Woche (Summe/Ø)	
h	km	h	km	h	km	h	km	h	km

_____ **Woche vom** _____ **bis** _____

	Sportart/ Trainingsmittel	Montag		Dienstag		Mittwoch	
		h	km	h	km	h	km
Dauer (h)							
(km) Distanz							
Inhalt der Trainingseinheit							
Ort/ Strecke/ Tageszeit							
Stretching							
Kräftigungsgym.							
Gewicht (kg)							
Ruhepuls (S/ min)							
Schlaf (h)							
Befindlichkeit (Belast.) (1-10)							
Motivation (1-10)							
Gesundheit							
Hf-Diagramm							
Wetter							
Bemerkungen							

Übertrag (**Summe seit Trainingsbeginn**): **h:** _____ **km:** _____

eriode _____

Donnerstag		Freitag		Samstag		Sonntag		Woche (Summe/Ø)	
h	km	h	km	h	km	h	km	h	km

130 TRAININGS- UND WETTKAMPFDOKUMENTATION

2.3 Wettkampfdokumentation: Gebrauchsanleitung

In diese Tabelle können Sie Ihre Wettkämpfe in chronologischer Reihenfolge eintragen.

Die Spaltenüberschriften sprechen für sich und bedürfen nur in den folgenden Fällen einer Erläuterung.

Distanz
Triathleten tragen hier jede Disziplin in eine neue Zeile ein, so dass sie pro Wettkampf drei Zeilen belegen. Das Gleiche gilt für die Zeiten.

Platzierung
Hier tragen Sie das Ergebnis des Wettkampfes, d.h. die Platzierung ein. Nicht immer ist diese jedoch von Bedeutung.

Hf_{max}
Tragen Sie hier Ihre maximale Herzfrequenz während des Wettkampfes ein. Sie kann später Aufschlüsse über Ihre Formentwicklung geben. Um die Hf_{max} zu ermitteln, müssen Sie nach höchsten Belastungen auf Ihren Pulsmesser schauen oder die Werte mittels eines PCs auswerten.

Streckenprofil, Starterzahl
Das Streckenprofil sollten Sie kurz vermerken, um zum einen im Nachhinein die Zeiten besser einordnen zu können und zum anderen, um sich selbst eine Art Nachschlagewerk zu den verschiedenen Wettkämpfen in Ihrer Region anzulegen. In folgenden Jahren können Sie hier nachschauen und aufgrund Ihrer alten Aufzeichnungen entscheiden, ob Sie hier wieder starten oder einen anderen Start vorziehen. Ähnliches gilt für die Starterzahl.

Unter **Bemerkungen** sollten Besonderheiten bezüglich der Vorbereitung, der Organisation oder anderer Art notiert werden. Auch Notizen zur Verpflegung während des Rennens oder der Materialauswahl (Übersetzungen oder Reifen am Rad; Skiauswahl, Neoprenanzug usw.). Häufig sind es solche kurzen Bemerkungen, die weitere Schlussfolgerungen ermöglichen.

2.4 Wettkampfprotokolle

Nr.	Datum	Ort/ Name	Distanz	Zeit	Platzierung

TRAININGS- UND WETTKAMPFDOKUMENTATION

Hf $_{max}$	Streckenprofil	Starterzahl	Bemerkungen

TRAININGS- UND WETTKAMPFDOKUMENTATION

Nr.	Datum	Ort/ Name	Distanz	Zeit	Platzierung

TRAININGS- UND WETTKAMPFDOKUMENTATION

Hf $_{max}$	Streckenprofil	Starterzahl	Bemerkungen

TRAININGS- UND WETTKAMPFDOKUMENTATION

Nr.	Datum	Ort/ Name	Distanz	Zeit	Platzierung

TRAININGS- UND WETTKAMPFDOKUMENTATION

Hf $_{max}$	Streckenprofil	Starterzahl	Bemerkungen

ANALYSE

3 Analyse

Die Trainings- und Wettkampfanalyse hat zum Ziel, Zusammenhänge oder sogar Gesetzmäßigkeiten bezüglich des absolvierten Trainings und der Leistungsfähigkeit festzustellen. Haben Sie all Ihre Trainings- und Wettkampfdaten regelmäßig festgehalten, so werden Sie bei deren Analyse sicherlich wichtige Rückschlüsse für Ihr Training in den kommenden Jahren ziehen können, denn bestimmte Belastungsmuster ziehen bestimmte Anpassungserscheinungen nach sich. Da diese jedoch nicht bei jedem Menschen gleich sind, muss eine individuelle Dokumentation und Analyse vorgenommen werden.

3.1 Gebrauchsanleitung und Musterseite

Vorgehensweise

Versuchen Sie bitte regelmäßig nach Ablauf einer Woche die jeweiligen Summen oder Durchschnittswerte zu berechnen und diese in die dafür vorgesehenen Koordinatensysteme einzutragen.

Im nachfolgenden Abschnitt finden Sie eine Tabelle sowie vier Koordinatensysteme, die Sie individuell nach Ihren Ansprüchen gestalten können.

In die Tabelle können Sie die Wochendaten aus den Wochenprotokollen eintragen. So haben Sie alle Jahresdaten übersichtlich auf zwei Seiten notiert. Sie können die Werte allerdings auch direkt aus den Wochenprotokollen in die Jahresanalysebögen eintragen.

In die Jahresanalyse I tragen Sie die Umfänge (km, h), gegebenenfalls auch nach Trainingsintensitäten differenziert, sowie Ihren Ruhepuls und Ihr Gewicht ein.

Benutzen Sie die Jahresanalyse II für Motivation, Belastungsgefühl, Schlafdauer und Krankheitstage. Zusätzlich werden in dieses Koordinatensystem herausragende Wettkampf- oder Trainingsleistungen eingetragen.

Die Analysebögen III und IV können Sie nach Ihren eigenen Vorstellungen gestalten. Folgende Analysen bieten sich an:
- Analyse einer Periode von 50 Tagen, zum Beispiel der unmittelbaren Vorbereitung Ihres Hauptwettkampfes. Tragen Sie hierzu unter den Tageszahlen (1-52) jeweils den Sonntag mit Datum ein, um sich besser auf der Skala orientieren zu können. Hierzu verwenden Sie am besten die gleichen Achsenbeschriftungen wie bei den Jahresanalysen.

- Entwicklung der Körpergröße bei Jugendlichen über 52 Wochen hinweg.
- Entwicklung von Streckenzeiten (Schwimmen, Laufen, Rad etc.) über das Jahr hinweg.
- Die Ergebnisse der Leistungsdiagnostik können hier grafisch dargestellt werden.

Verschiedene Farben verwenden

Um die grafische Darstellung so übersichtlich wie möglich zu gestalten, empfiehlt es sich, verschiedene Farben zu verwenden. Unter den Koordinatensystemen können Sie einer Farbe den entsprechenden Parameter zuordnen.

Ein Beispiel hierzu finden Sie auf der folgenden Seite, allerdings nur in verschiedenen Grautönen.

Für die Krankheitstage empfiehlt sich die Farbe rot. Wettkampfresultate werden mit Pfeilen eingetragen oder senkrecht in die Wochenspalte geschrieben.

Individuelle Festlegung der Koordinatenachsen

Aufgrund der verschiedenen Variationsbreiten der Parameter und der verschiedenen Geschwindigkeiten in Ausdauersportarten, müssen Sie einige Koordinatenachsen selbst skalieren.

Beginnen Sie auf der **Stundenachse (h)** bei 0 Stunden und lassen Sie die Skala bei Ihrer voraussichtlichen maximalen Wochenstundenzahl enden. Diese wird in den meisten Fällen nicht über 35 Stunden liegen. Addieren Sie hierzu pro Teilstrich zwei Stunden.

Verfahren Sie bei der **Kilometerachse (km)** genauso. Sollten Sie zwei Sportarten mit sehr unterschiedlichen Geschwindigkeiten ausüben, zum Beispiel Schwimmen und Radfahren, sollten Sie sich bezüglich der Kilometerangabe auf die für Sie wichtigere Sportart festlegen, nach der Sie dann die Achse einteilen. Aussagekräftiger ist ohnehin die Analyse der Stunden.

Bei der **Ruheherzfrequenz (Rp)** sollten Sie die Achse mit einem 4-6 Schläge unter Ihrem normalen Ruhepuls liegenden Wert beginnen.

Motivation (Motiva.) und **Belastungsgefühl (Belast.)** sind bereits mit Werten von 1-10 eingetragen.

Die **Schlafdauer (Schlaf)** ist mit Werten von 1-14 h ebenfalls eingetragen.

Die **Krankheitstage (krank)** sind von oben abwärts mit sieben Stellen für die Wochentage eingetragen.

Eintragung

Verwenden Sie zum Eintragen, wie bereits oben geschildert, verschiedene Farben. Die Umfänge in Stunden und die Krankheitstage tragen Sie am besten durch ausgefüllte Kästchen (mit einem breiten hellen Filzstift oder Buntstift) ein. Alle übrigen Parameter sollten Sie der Übersichtlichkeit halber als Linien eintragen, wobei die einzelnen Werte durch Kreuzchen oder Punkte markiert werden.

Wenn Sie die Gesamtstundenumfänge mit einem hellen Stift eintragen (Kästchen ausmalen), können Sie Ihre Wettkampfstunden mit einem dunklen Stift auf diesem Balken nochmals zusätzlich absetzen. Ähnlich können Sie vorgehen, wenn Sie verschiedene Intensitätsbereiche Ihres Trainings eintragen möchten.

Die ausgefüllten Musterseiten zeigen deutlich, wie die Eintragungen vorgenommen werden sollten. Sie können jedoch auch nach Ihren eigenen Vorstellungen die Eintragungen vornehmen.

MUSTER

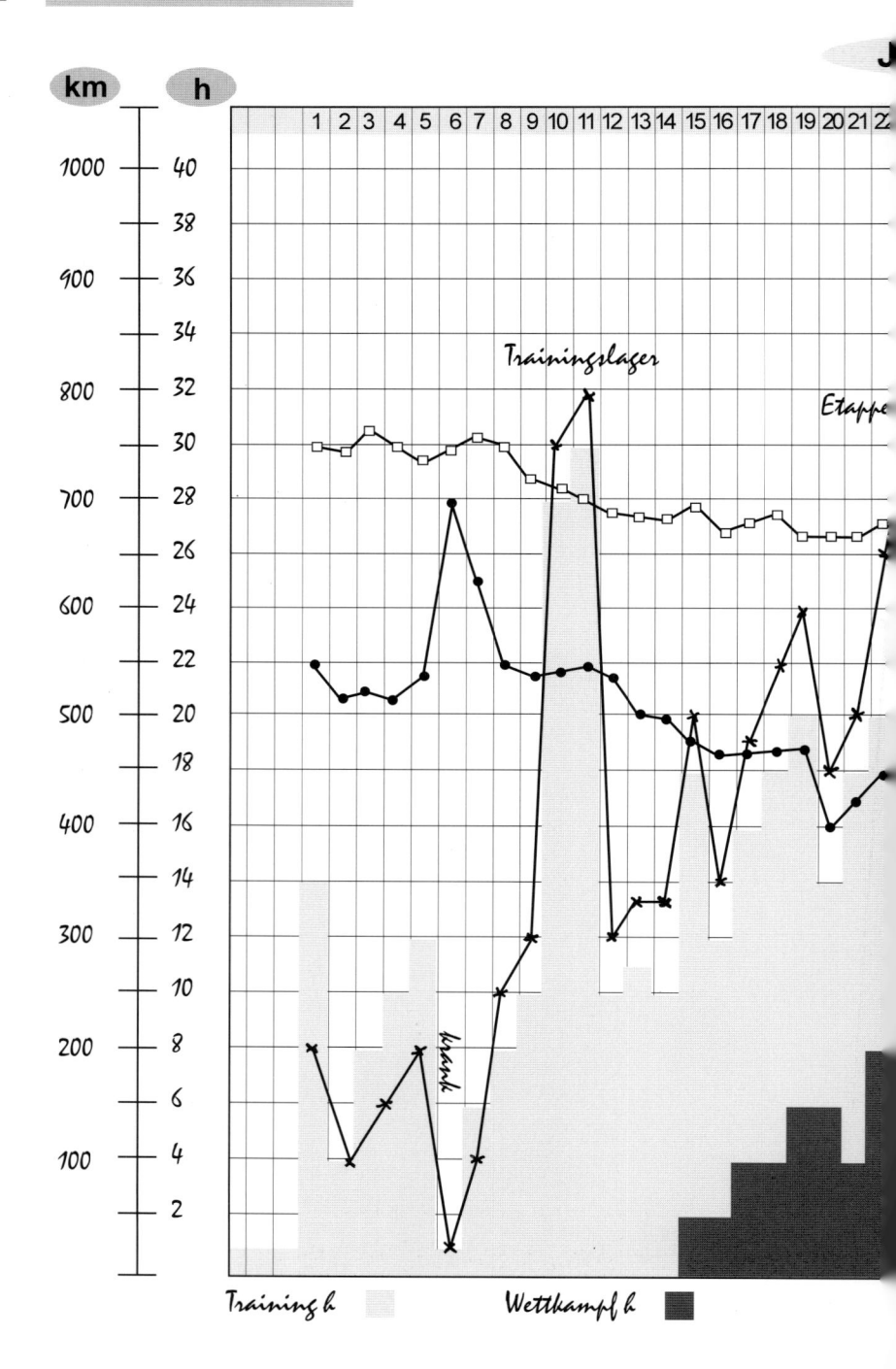

Trainingslager   *Etappe*

krank

Training h   Wettkampf h

MUSTER 143

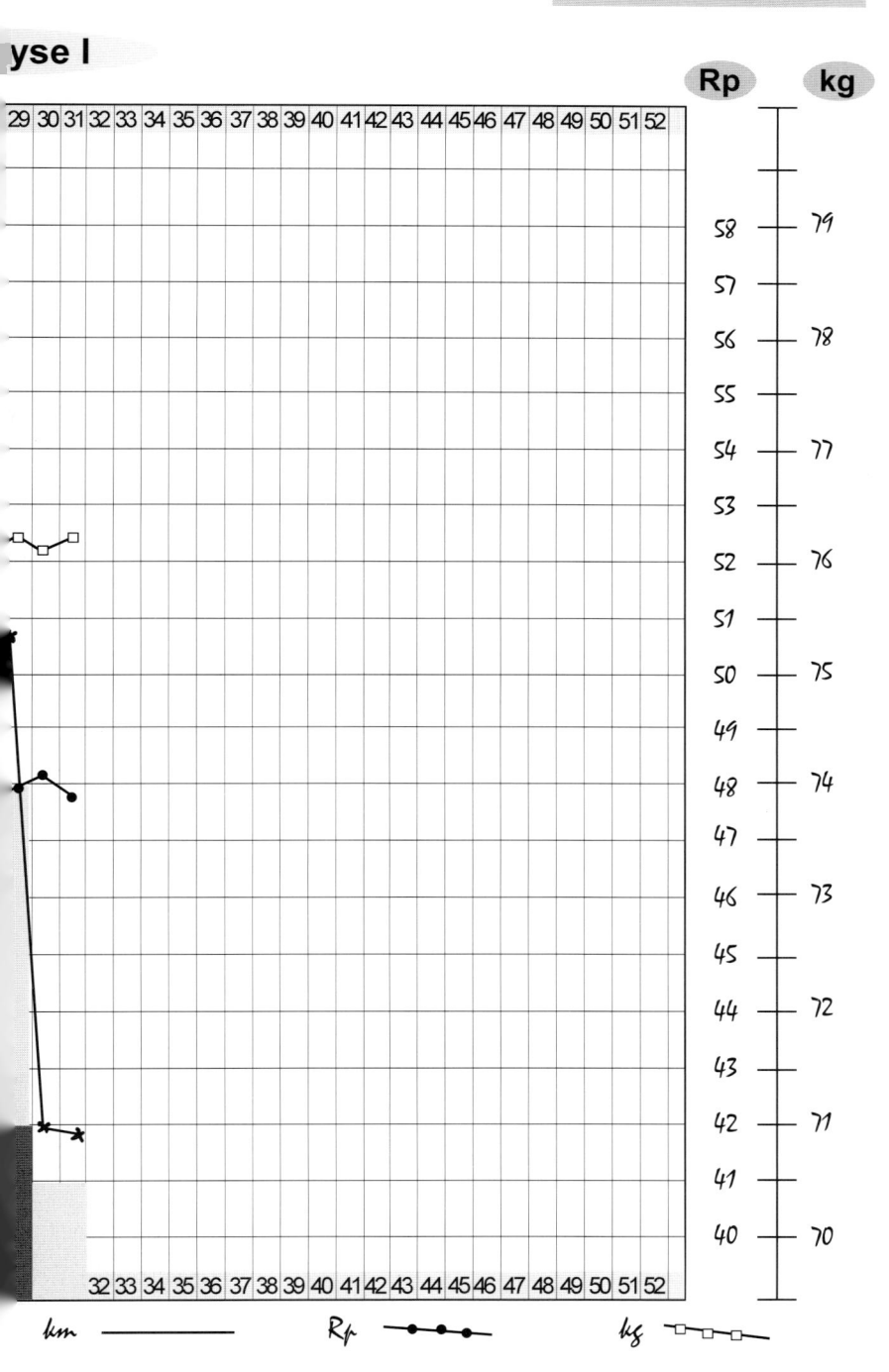

yse I

Rp	kg
58	79
57	
56	78
55	
54	77
53	
52	76
51	
50	75
49	
48	74
47	
46	73
45	
44	72
43	
42	71
41	
40	70

km ——   Rp •—•—•   kg ▫▫▫

3.2 Jahresanalysebogen I-IV

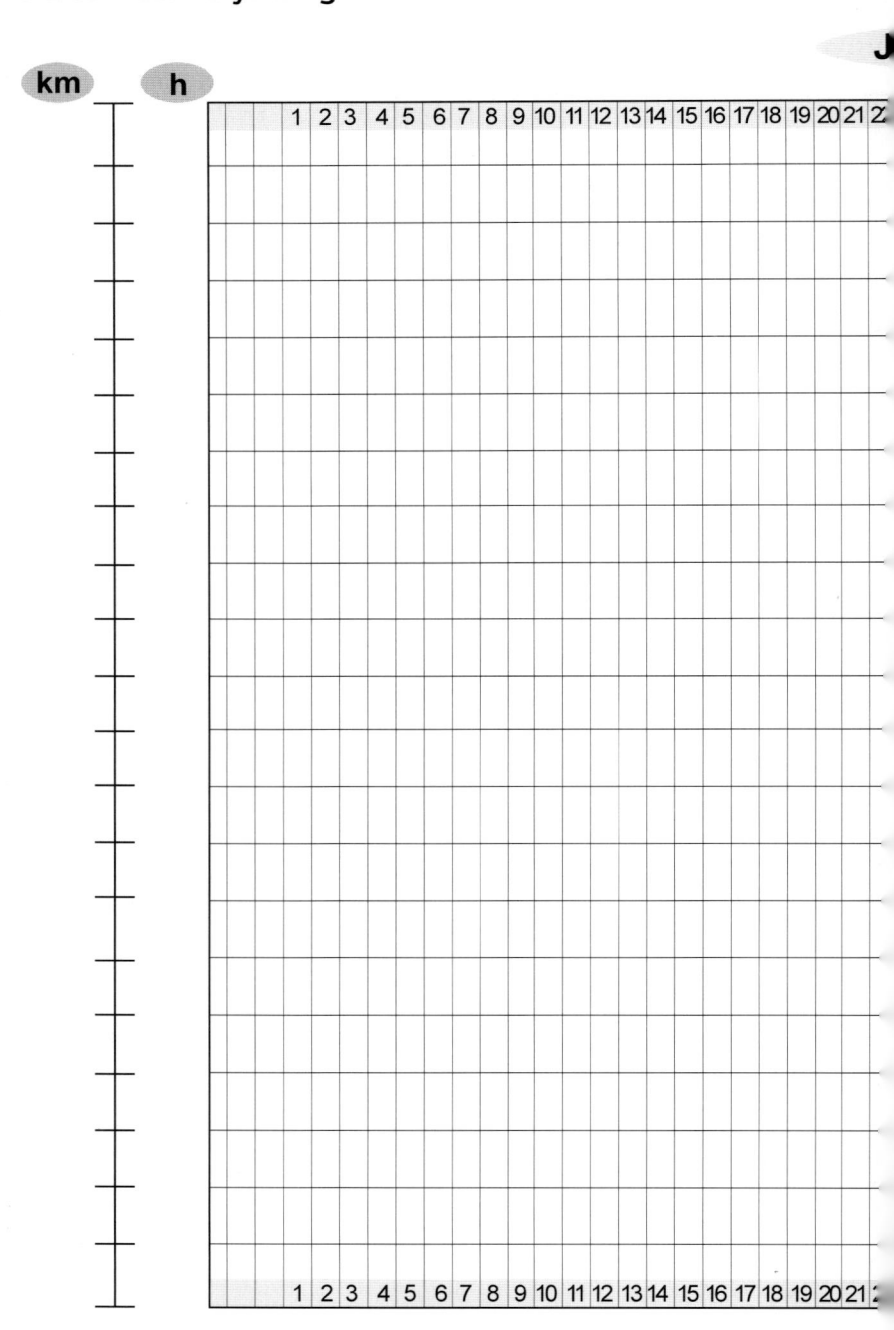

ANALYSE

yse I

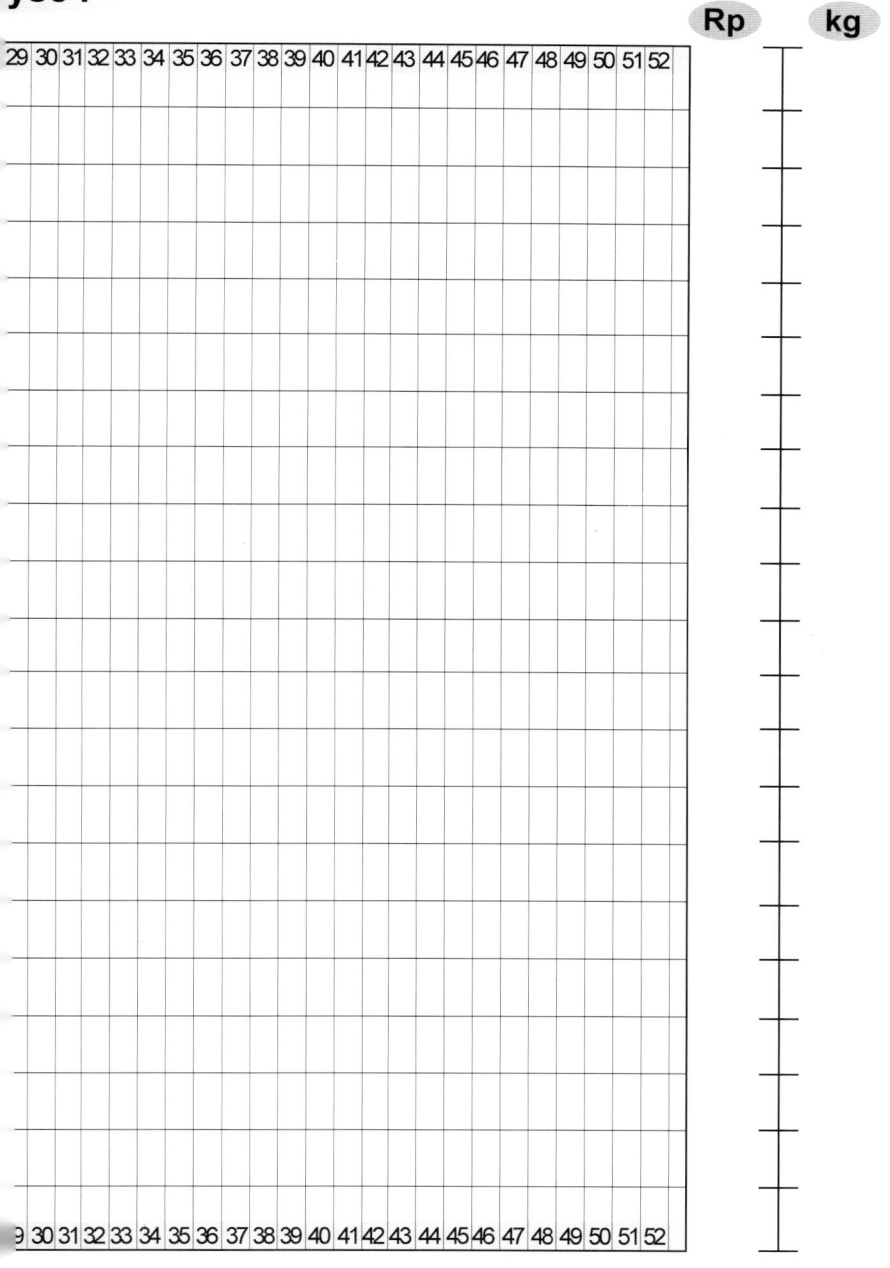

																								Rp	kg
29	30	31	32	33	34	35	36	37	38	39	40	41	42	43	44	45	46	47	48	49	50	51	52		

ANALYSE

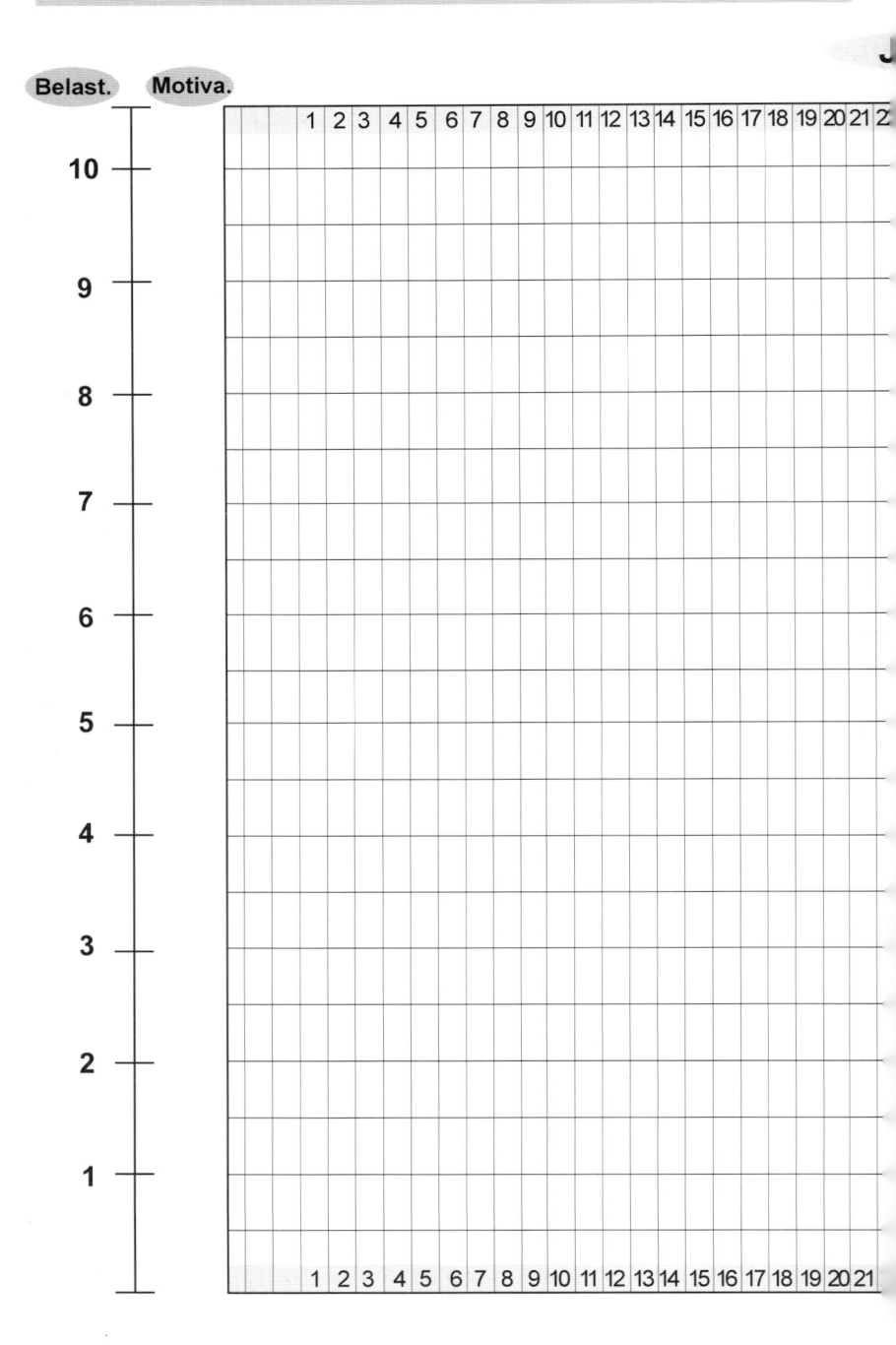

yse II

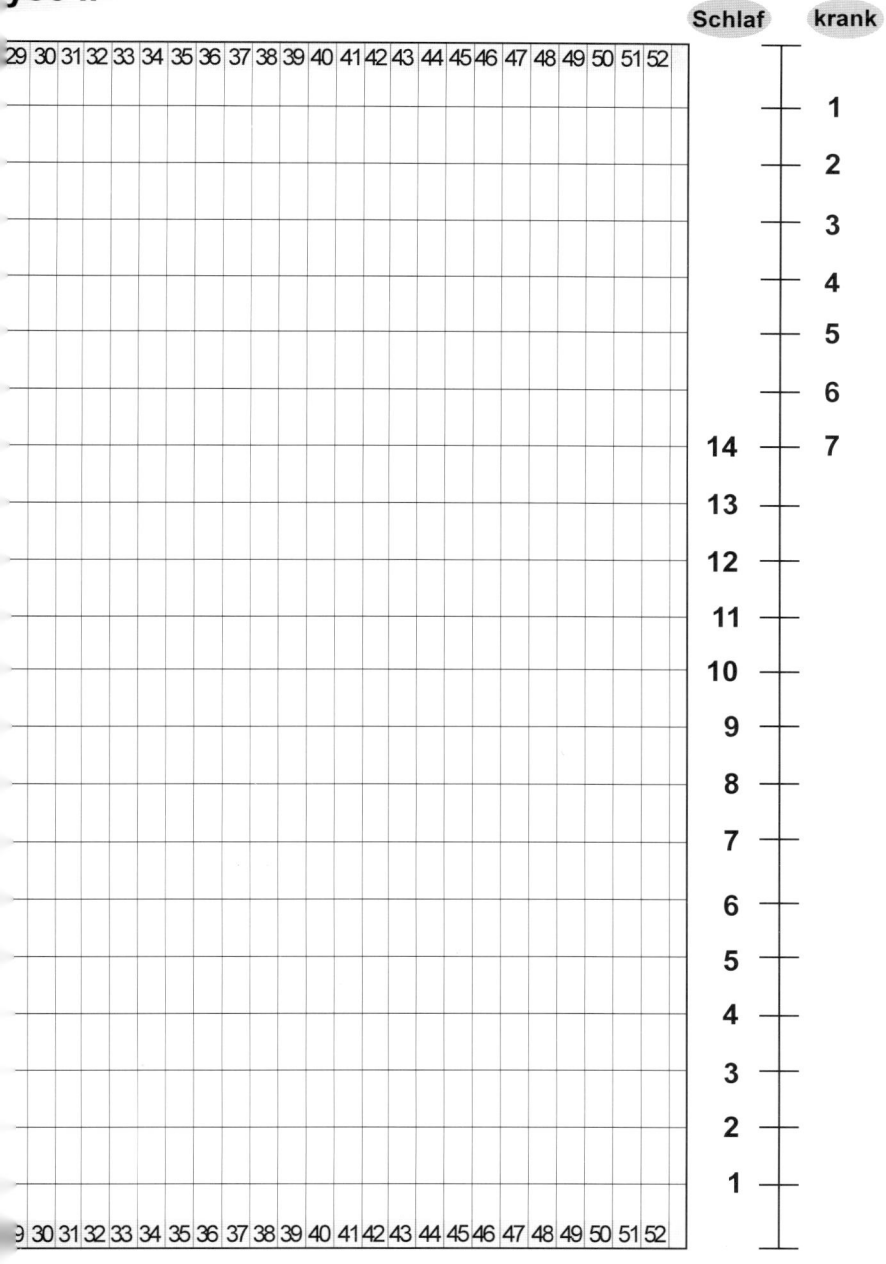

	Schlaf	krank
29 30 31 32 33 34 35 36 37 38 39 40 41 42 43 44 45 46 47 48 49 50 51 52		1
		2
		3
		4
		5
		6
	14	7
	13	
	12	
	11	
	10	
	9	
	8	
	7	
	6	
	5	
	4	
	3	
	2	
	1	
9 30 31 32 33 34 35 36 37 38 39 40 41 42 43 44 45 46 47 48 49 50 51 52		

ANALYSE

ANALYSE

ANALYSE

yse III

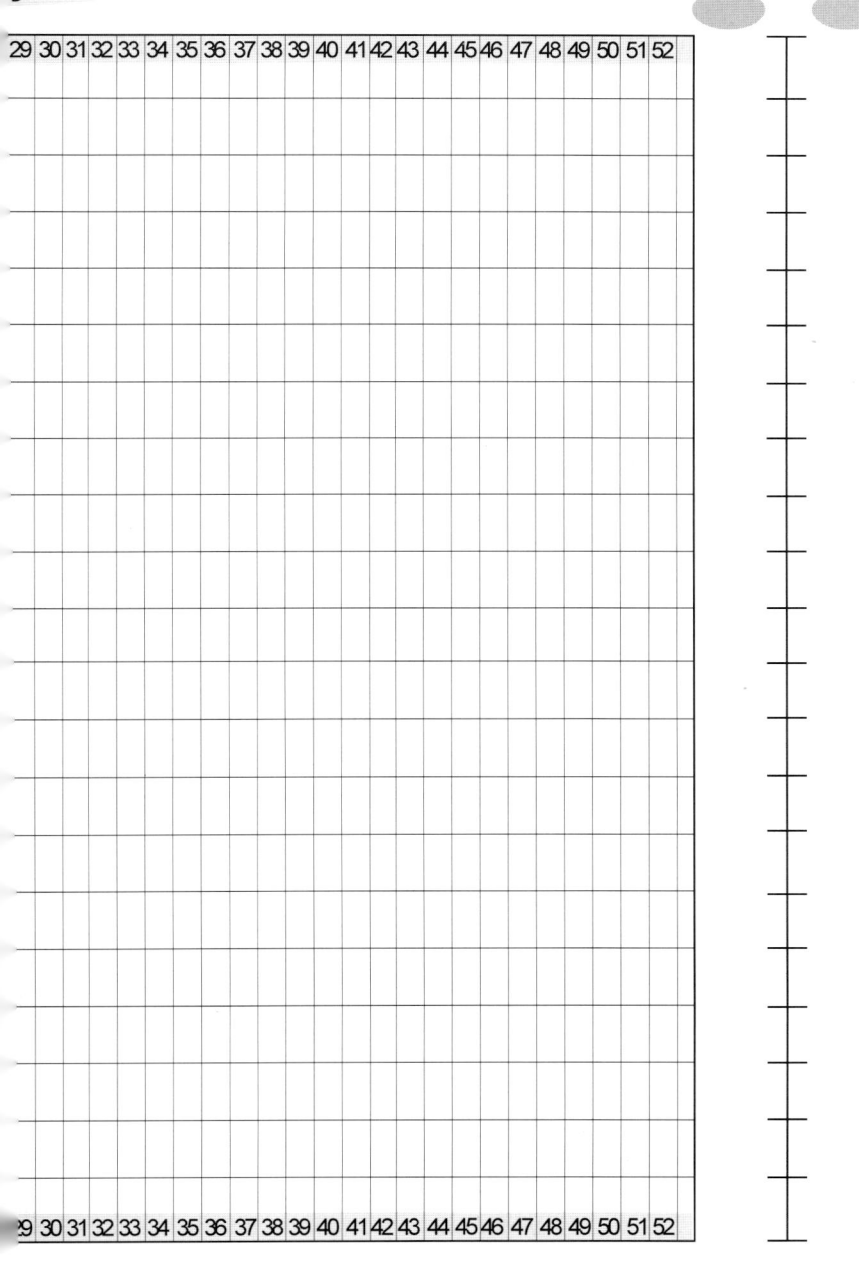

29	30	31	32	33	34	35	36	37	38	39	40	41	42	43	44	45	46	47	48	49	50	51	52

29	30	31	32	33	34	35	36	37	38	39	40	41	42	43	44	45	46	47	48	49	50	51	52

150 ANALYSE

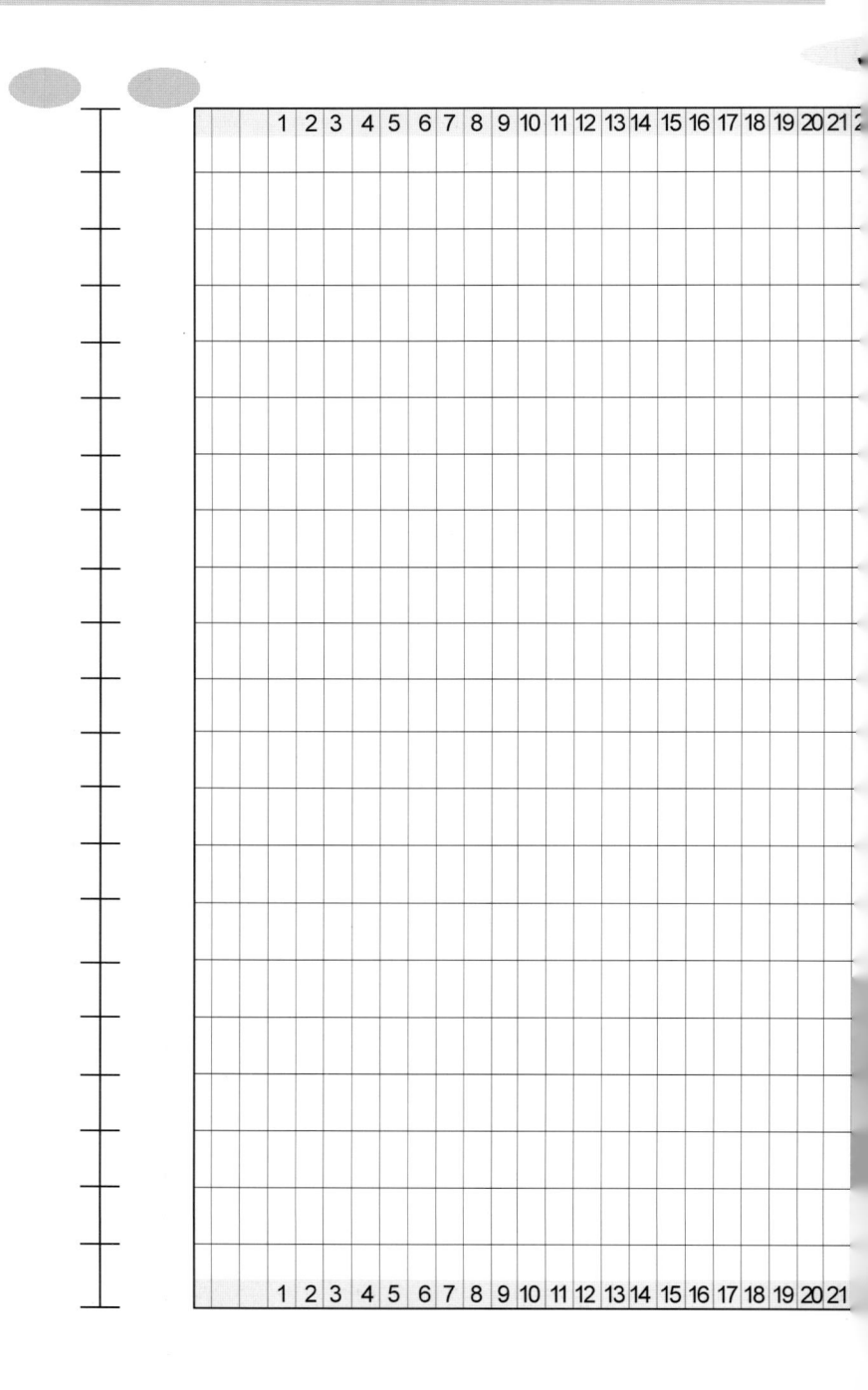

ANALYSE 151

lyse IV

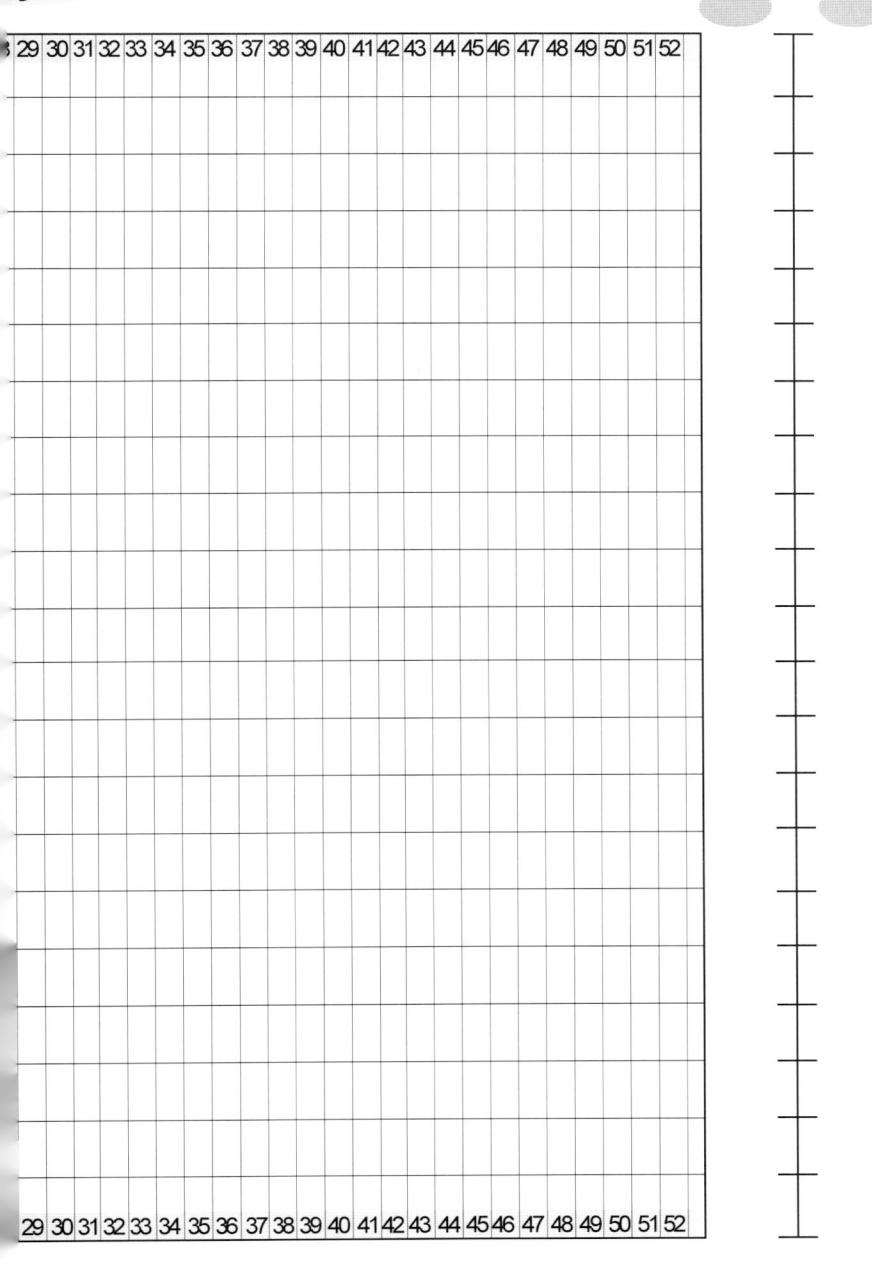

| 29 | 30 | 31 | 32 | 33 | 34 | 35 | 36 | 37 | 38 | 39 | 40 | 41 | 42 | 43 | 44 | 45 | 46 | 47 | 48 | 49 | 50 | 51 | 52 |

	Sportart/Trainingsbereiche (h)							körperliche/mentale Daten				
								kg	S/min	Schlaf	Befind-lichkeit	Motivation
40												
41												
42												
43												
44												
45												
46												
47												
48												
49												
50												
51												
52												
1												
2												
3												
4												
5												
6												
7												
8												
9												
10												
11												
12												
13												
14												
15												
16												
17												
18												
19												
20												
21												
22												

Sportart/Trainingsbereiche (h)						körperliche/mentale Daten				
						kg	S/min	Schlaf	Befind-lichkeit	Motiva-tion

3.3 Analysetips

Formschwächen ermitteln

Zunächst einmal sollten Sie ermitteln, nach welchen Trainings- und Wettkampfbelastungen Ihre Form sehr schlecht war oder gegebenenfalls sogar Krankheitstage auftraten. Haben Sie eine solche Phase ausgemacht, schauen Sie zusätzlich in den Wochenprotokollen nach, um weitere Anhaltspunkte für die Formschwäche zu finden. Hier sind es nicht selten die Bemerkungen oder die Notizen zur Gesundheit, die entscheidende Hinweise liefern. Es ist auch interessant zu untersuchen, nach welchen Belastungen Infektionen (z.B. der oberen Atemwege) auftraten. Infektionen stellen ein großes Problem dar, denn sie werfen einen Sportler bei seinem Formaufbau um Wochen zurück.

Die Schlussfolgerungen sollten Sie in jedem Falle notieren und in die Trainingsplanung des nächsten Jahres mit einfließen lassen.

Höchstleistungen untersuchen

In einem weiteren Schritt richten Sie Ihr Interesse auf die Phasen der Topform. Wie haben Sie die Zeit (vier Wochen) vor einer Höchstleistung gestaltet? Versuchen Sie hier, Regelmäßigkeiten auszumachen und schlagen Sie ebenfalls in den Wochenprotokollen nach. Häufig sind es bestimmte Belastungsfolgen oder bestimmte Trainingseinheiten, die immer wieder eine Verbesserung der Leistungsfähigkeit bewirken. Wenn Sie diese herausfinden können, hat sich die Mühe der Trainingsdokumentation gelohnt.

Es hat sich allerdings gezeigt, dass ein erfolgreicher Trainingsaufbau im folgenden Jahr kaum zu reproduzieren ist, da die Leistungsfähigkeit von zu vielen Faktoren beeinflusst wird.

Gegen Ende der Saison sollten Sie ruhig einmal mehrere Wochen lang neue Trainingsmethoden ausprobieren und genau protokollieren.

4 Trainingsplanung/Trainingsmanagement

Der eigene Trainer sein

„Be your own coach" ist ein Leitsatz aus dem Amerikanischen, der typisch für die amerikanische Sportauffassung, besonders für die der Ausdauersportarten in den Staaten ist. Man selbst weiß über seinen Körper am besten Bescheid, fühlt die Erschöpfung und die Kraft und kann somit auch am besten und vor allen Trainern entscheiden, was für einen gut und richtig ist. Doch dazu benötigt man Wissen, welches dieses und andere Bücher zu vermitteln versuchen. Natürlich sollte jeder Ausdauersportler froh sein, der einen guten Trainer hat. Er sollte ihn keinesfalls in die Wüste schicken, denn wahrscheinlich kommt man zu zweit, bei aktiver Mitarbeit des Sportlers an der Trainingsplanung und -gestaltung, weiter und die Zusammenarbeit wird erfolgreicher. Absolute Neulinge werden sich alleine schwer tun, sollten die Zusammenarbeit mit erfahrenen Sportlern oder Trainern suchen und sich dann allmählich ihr eigenes Bild von einem strukturierten Training machen.

Ein vernünftiges, selbst gestaltetes Training auf der Basis von einigen wichtigen Trainingsregeln ist ein Garant für eine gute Leistungsentwicklung. Sie müssen für sich selbst ein vernünftiges Verhältnis von Freizügigkeit und konzentriertem Training finden, um bei einem hohen Spaßgewinn gleichzeitig auch erfolgreich sein zu können. Ein stupides, sehr ernstes Training nach 100% starren Regeln kann dies nicht gewährleisten. Sie sollten in sich „hineinhorchen" und entscheiden, was gut für Sie ist und was nicht. Fühlen Sie sich nach einer Trainings- oder Wettkampfbelastung nicht gut, pausieren Sie einen Tag.

4.1 Trainingsplanung in fünf Schritten

Entwickeln Sie zum ersten Mal einen Trainingsplan, sollten Sie sich dabei Zeit lassen und vor allem den Rat von erfahrenen Ausdauersportlern einholen, um mögliche Fehler auszuschließen. Häufig neigen Neulinge und besonders ehrgeizige Sportler dazu, ihr Zeitbudget, aber auch ihre Motivation und ihre Regenerationsfähigkeit zu überschätzen. Sie erstellen Pläne, die nicht einzuhalten sind. Ein völlig falscher Aufbau, eine schlechte Leistungsfähigkeit und gegebenenfalls Übertrainingszustände sind die Folgen hiervon.

Die Meinung, nur ein Trainingsplan oder ein Weg führe an das Ziel der Höchstleistung, ist glücklicherweise falsch. Verschiedene Trainingsmethoden führen an das Ziel, denn jeder reagiert auf einen Trainingsinhalt anders und muss deshalb verschiedene Möglichkeiten ausprobieren.

Zur Optimierung der Leistungsfähigkeit gehören nicht nur die Planung und Durchführung, sondern auch die Korrektur des Trainings. Der Weg zur optimalen Leistung kann also über verschiedene Varianten erfolgen und muss in fast allen Fällen korrigiert werden. Über eine systematische Periodisierung und Zyklisierung von Intensität und Umfang wird die Leistungsfähigkeit im Hinblick auf das Saisonziel stabilisiert bzw. optimiert.

Wird ein Trainingsfehler zügig erkannt, so ist noch nichts verloren; werden Trainingsfehler oder die schlechte Leistungsfähigkeit jedoch ignoriert, so ist ein Erreichen des gesteckten Saisonzieles in der Regel nicht mehr möglich.

Analyse der Vorjahre

Vor einer Trainingsplanung sollten Sie die Vorjahre analysieren. Anhand der Aufzeichnungen im Trainingstagebuch können Sie viele Trainingsfehler entdecken, die Sie am besten schriftlich formulieren. Diese Fehler müssen unbedingt in die Gestaltung des neuen Trainingsplans mit einfließen und sollten bei einer Formkrise in der folgenden Saison noch einmal vergegenwärtigt werden.

Bilanz der Vorjahre

	1994	1995	1996	1997	1998	1999	2000
Jahresumfang (h)							
Jahresumfang (km)							
Wettkampfkilometer							
Wettkampfanzahl							
Platzierungen (1-10)							
Wettkampfgewicht							
Ruhepuls (Saison)							

Jahresumfang inklusive Wettkämpfe

TRAININGSPLANUNG

Erfolge der beiden vorherigen Jahre

Saison _____

1. _____ 11. _____
2. _____ 12. _____
3. _____ 13. _____
4. _____ 14. _____
5. _____ 15. _____
6. _____ 16. _____
7. _____ 17. _____
8. _____ 18. _____
9. _____ 19. _____
10. _____ 20. _____

Saison _____

1. _____ 11. _____
2. _____ 12. _____
3. _____ 13. _____
4. _____ 14. _____
5. _____ 15. _____
6. _____ 16. _____
7. _____ 17. _____
8. _____ 18. _____
9. _____ 19. _____
10. _____ 20. _____

Planung von Jahr zu Jahr

Bei der Erstellung eines Trainingsplanes sollten Sie nicht nur das kommende und das zurückliegende Jahr betrachten, sondern auch über eine längerfristige Entwicklung nachdenken. Eine kontinuierliche, von mäßigen Belastungssteigerungen charakterisierte Verbesserung der Leistungsfähigkeit ist in jedem Fall sinnvoller und führt auch weniger häufig zu Formeinbrüchen und Verletzungen als übermäßige Anstiege der Jahresgesamtbelastung. Instabile Leistungen können häufig bei jungen Sportlern beobachtet werden, die noch nicht auf eine stabil ausgebildete Grundlagenausdauer bauen können. Als Belastung oder Jahresbelastung wird hier der Jahresumfang in Stunden betrachtet (jede sportliche Aktivität).

Das Prinzip der kontinuierlichen Belastungssteigerung gebietet demnach eine maximale Belastungssteigerung von etwa 15% im Hochleistungsbereich. Höhere Belastungssteigerungen von über 20% bis etwa 40% sind nur bei Leistungssportlern möglich, wenngleich auch hier nicht einfach zu kompensieren. Lediglich der Neueinsteiger kann seine Gesamtbelastungen gegebenenfalls im folgenden Jahr verdoppeln. Je höher also das Leistungsniveau ist, desto dosierter sind die Belastungssteigerungen zu planen. Vorsicht ist jedoch im Gesundheits- und Anfängerbereich geboten, denn hier muss sehr dosiert an das körperliche Training herangegangen werden, um mögliche Gesundheitsrisiken auszuschließen.

Beschließen Sie, mit dem Leistungssport aufzuhören, so darf die Belastung auch keinesfalls um mehr als die Hälfte pro Jahr reduziert werden (Abtrainieren), um gesundheitliche Risiken auszuschließen. In der ehemaligen DDR wurden Ausdauersportlern nach Beendigung der Laufbahn Trainingspläne zum Abtrainieren an die Hand gegeben. Eine Grundbelastung von etwa 200-250 Stunden im Jahr sollte allerdings aufrechterhalten werden.

So gehen Sie vor

1. Schritt: Leistungsdiagnose / Istzustandsanalyse

Zunächst sollten Sie sich die Trainings- und Wettkampfanforderungen Ihrer Sportart vergegenwärtigen. Danach sollten Sie Ihren aktuellen Trainingszustand ermitteln. Ohne eine Leistungsdiagnose fällt es sehr schwer, Trainingsvorgaben für einen Ausdauersportler zu formulieren. Erst wenn der Leistungsstand klar ist, kann eingeschätzt werden, ob die beabsichtigten Umfänge und Intensitäten über- oder unterfordern. Mit der Diagnose des Trainingszustandes ist hier nicht unbedingt eine leistungsdiagnostische Untersuchung in einem Labor gemeint. Auch das Ergebnis einer einfachen Formüberprüfung, das letzte Wettkampfergebnis oder noch einfacher das Körpergefühl eines erfahrenen Ausdauersportlers reichen aus, um sich selbst einzuordnen oder von anderen einschätzen zu lassen.

Sollte die vorgenommene Einschätzung nicht zutreffen und das daraufhin geplante Training Sie über- oder unterfordern, so müssen Sie den Plan korrigieren.

Neben der Leistungsdiagnose müssen Sie eine Analyse der Rahmenbedingungen (Umwelt, Beruf) vornehmen.

Des Weiteren sind die Belastungen und die Formentwicklung der vorhergehenden Jahre in das Bild des Trainingszustandes einzubeziehen. Zu hohe Belastungssprünge von Jahr zu Jahr, die Gesamtumfänge betreffend, wirken sich meist negativ auf die Formentwicklung aus. Eine Wettkampf- und Trainingsanalyse des Vorjahres schließt die Betrachtungen zum Istzustand ab.

2. Schritt: Realistische Zielsetzungen

Ein ganz entscheidender Punkt bei der Planung ist die Festlegung der Ziele für das neue Trainingsjahr. Diese sollten Sie schriftlich formulieren. Neben der Festlegung wettkampfspezifischer Ziele (z.B. Platzierung bei den Landesmeisterschaften) müssen Sie auch Feinziele, wie zum Beispiel Verbesserung einer bestimmten Technik oder Verbesserung der Kraftausdauer formulieren.

Ganz entscheidende Gemeinsamkeit aller Trainingsziele muss die Realisierbarkeit sein. Utopisch weit entfernte Ziele werden Sie schnell aus den Augen verlieren, während zu einfache Ziele nicht genügend Ehrgeiz freisetzen.

Zielsetzungen   **Saison** _____

Wettkampfziele: _____
_____
_____

Feinziele:

Ausdauer: _____
_____

Kraft: _____
_____

Technik: _____
_____

Sonstige: _____
_____

Am sinnvollsten ist auch hier die Absprache der Ziele mit Trainingspartnern, einem Trainer oder anderen erfahrenen Sportlern. Wer ganz beflissen ist, der kann sich zu allen Leistungskomponenten seiner Sportart Feinziele formulieren, die im Laufe des Trainingsjahres bei Erfüllung abgehakt werden können. Es muss jedoch auch möglich sein, Ziele im Laufe der Saison leicht abzuändern.

3. Schritt: Wettkampfplanung
Der 3. Schritt besteht in der Beschaffung und Sichtung des Wettkampfkalenders. Sie können zwei bis drei Saisonhöhepunkte anstreben, einer sollte jedoch Priorität haben. Sinnvoll ist die Festlegung des Saisonhöhepunktes auf einen Termin im Spätsommer (für Sommersportarten). Bei frühen Saisonhöhepunkten, wie beispielsweise bestimmten Qualifikationswettkämpfen, muss auch schon früh eine Topform entwickelt werden. Dies ist nicht einfach und verlangt einen sehr hohen Einsatz in den Vorbereitungsperioden.

Tragen Sie also in die Vordrucke zur Trainingsplanung Ihre Hauptwettkämpfe ein. Sie sollten den Saisonhöhepunkt so auswählen, dass er mitsamt der 4-6-wöchigen Wettkampfvorbereitung nicht mit Ihren sonstigen Terminen kollidiert. Sollten Sie in der Phase vor dem Wettkampf keine oder nur wenig Zeit haben, so lohnt sich eine Planung auf diesen Wettkampf hin von vornherein nicht.

4. Schritt: Einteilung der Perioden
Der erste planerische Schritt ist die Einteilung der einzelnen Trainingsperioden (Vorbereitungsperioden, Wettkampfperiode, Übergangsperiode) und deren Gliederung in kürzere Trainingsabschnitte, sogenannte Zyklen oder Etappen (4-6 Wochen). Tragen Sie die einzelnen Perioden in den Jahresplan ein. Zudem formulieren Sie die Inhalte und Zielsetzungen der einzelnen Perioden auf der darauf folgenden Seite. Beachtet werden sollten auch eventuelle Trainingslager.

Sind die Perioden mit Anfangs- und Enddaten eingeteilt, berechnet man die jeweilige Anzahl der Mikrozyklen der einzelnen Perioden. Ein Mikrozyklus entspricht einer Woche.

Innerhalb der Perioden werden nun die Zyklen markiert. Hier folgen drei (zwei) bis fünf Mikrozyklen mit ansteigenden Belastungen einem Regenerationsmikrozyklus. In den Jahresplan können Sie bereits die Umfänge (Stunden und Kilometer) pro Woche eintragen, die Sie zu trainieren beabsichtigen. Die detaillierte Planung der einzelnen Trainingseinheiten geschieht erst jeweils unmittelbar vor Beginn der Periode.

Nun ist das ganze Trainingsjahr mit allen Wochen verplant und jeder Periode und jedem 4-6-Wochenzyklus sind konkrete Trainingsinhalte zugeordnet. Auch die Wettkämpfe haben Sie so genau wie möglich eingetragen.

TRAININGSPLANUNG 161

5. Schritt: Detaillierte Planung der 4-6-Wochenzyklen
Im letzten Schritt planen Sie jeweils die einzelnen Trainingseinheiten für den nächst folgenden 4-6-Wochenzyklus. Bei der Planung bedienen Sie sich des einfachen Mittels der Blockbildung. An zwei bis vier Tage mit ansteigender Belastung schließt sich ein Ruhetag an. Nach zwei bis vier Wochen mit steigender Belastung schließt sich ebenfalls eine regenerative Woche an.

Die Trainingseinheiten werden im Einzelnen durch folgende Faktoren charakterisiert:
- Trainingsziel (z.B. Verbesserung der anaeroben Mobilisation)
- Trainingsmethode (z.B. Dauermethode)
- Umfang (Dauer oder Distanz)
- Intensität (z.B. GA 1)

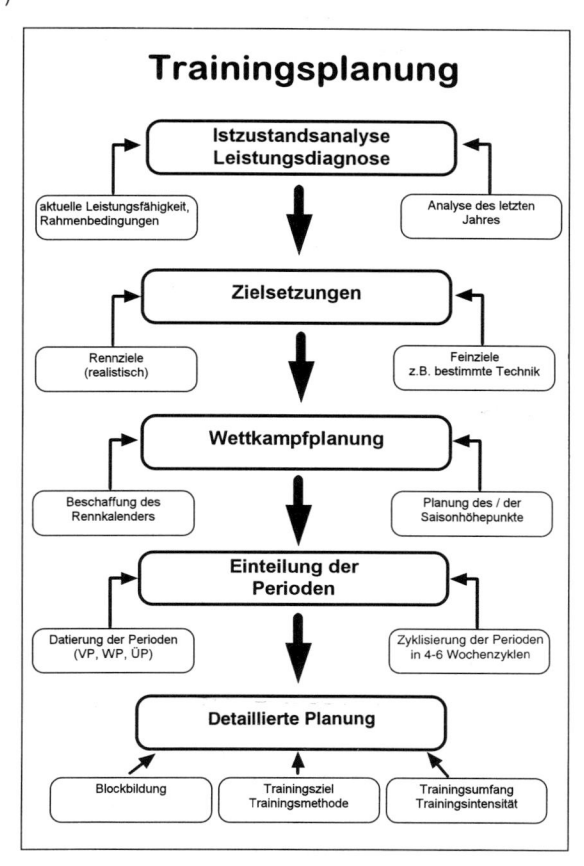

Abb. 4.1:
Trainingsplanung in fünf Schritten

4.2 Trainingsplanänderungen

Das Training sollte Teil eines Regelkreises sein. In gewissen Zeitabständen müssen Sie die Ergebnisse des Trainings kontrollieren, um mit Hilfe dieser Ergebnisse den Regelkreis zu steuern. Wettkampfergebnisse sollten Sie ebenfalls zur Bewertung der Leistungsfähigkeit heranziehen, wobei Sie jedoch die Vielzahl möglicher anderer Einflussfaktoren auf das Wettkampfergebnis beachten müssen.

Körpersignale beachten

Ein ganz entscheidender Faktor zur Beurteilung der individuellen Form ist Ihr Körpergefühl, mit dessen Hilfe Sie Ihre Leistungsfähigkeit meist sehr genau beurteilen können. Viele Sportler haben hiermit jedoch Probleme und können bestimmte Gefühle in der Muskulatur und im übrigen Körper unter Belastung nur schwer einordnen. Erst mit mehrjähriger Erfahrung im Ausdauersport bekommen Sie ein Gefühl für die kleinen Zeichen des Körpers, die Ihnen häufig mehr sagen können als leistungsdiagnostische Werte. So können erfahrene Läufer beispielsweise beim Treppensteigen beurteilen, ob sie „Druck" haben, was bedeutet, dass ihre Muskulatur in regeneriertem, leistungsfähigem Zustand ist. Andere haben im Laufe der Jahre erkannt, dass bestimmte Muskelschmerzen (Ziehen oder Jucken) zeitlich sehr häufig mit einer Phase der Topform übereinstimmen. Gleiches gilt für viele andere körperliche Signale wie zum Beispiel, Müdigkeit, Wachheit, Hunger, Schlaf, Trainingslust, Anstrengungsbereitschaft und anderes mehr. Auch die Kontrolle und Protokollierung der Ruhe- und Belastungsherzfrequenz, des Körpergewichts und des Körpergefühls unter Belastung hilft erfahrenen Sportlern dabei, ihre Leistungsfähigkeit einzuschätzen und ihr Training dahingehend anzupassen.

Es gibt jedoch auch eine große Anzahl von Ausdauersportlern, die ihre Körpergefühle in keiner Weise deuten können, ja die Signale ihres Körpers sogar ignorieren. Hier ist eine Trainingssteuerung außerordentlich schwierig, da diese Sportler in der Regel immer hart und umfangreich trainieren und auch psychisch dieses hohe Trainingspensum benötigen. In den meisten Fällen können solche Sportler nur mit wissenschaftlichen Fakten, sprich diagnostischen Ergebnissen überzeugt werden, deren Erhebung jedoch zeitlich und kostenmäßig sehr aufwendig ist. Gemessen an der Leistungsfähigkeit dieser Sportler ist eine solche Vorgehensweise in vielen Fällen nicht gerechtfertigt.

Erkennen Sie jedenfalls eine Leistungsstagnation oder gar -verschlechterung, müssen Sie sich Gedanken machen, wodurch es zu diesem Prozess gekommen ist. In den meisten Fällen ist eine Trainingsumstellung oder eine Wettkampfpause die Konsequenz einer solchen Analyse. Häufig wird der entscheidende Faktor erkannt, aber nicht verändert, zumal man nicht vom mühsam erarbeiteten Trainingsplan abweichen möchte und zudem meistens doch noch auf ein verspätetes Wirken des Trainings hofft. Die Konsequenz muss für Sie also eine Veränderung sein.

Notbremse – Trainingsplanänderung

Eine Änderung des Trainingsplans ist ein normaler Vorgang und gehört im Leistungssport zur Tagesordnung, denn nur selten verläuft ein Trainingsjahr so, wie Sie es sich vorgenommen haben. Je mehr Erfahrung Sie jedoch haben, umso besser ist auch die Planung und desto geringer fallen die Korrekturen aus.

Grundsätzlich werden in der Jahresplanung nur die Perioden und deren Inhalte konzipiert. Die Detailplanung wird bestenfalls einen Monat bis sechs Wochen im Voraus vorgenommen. Änderungen innerhalb der einzelnen Mikrozyklen sind sehr häufig. Wird eine Änderung der Gesamtkonzeption jedoch notwendig, ist einiges schief gelaufen. Nur wenn Sie offen für Veränderungen sind und flexibel auf sich ändernde Bedingungen reagieren, können Sie durch Ihr Training Erfolg haben.

Im Folgenden soll ein praktisches Beispiel mit Lösungsvorschlag für einen solchen Fall erläutert werden.

Ein Mountainbiker (Cross-Country) konnte in den Vorbereitungsperioden nicht ausreichend trainieren und beginnt wie immer mit der Wettkampfsaison Ende April. Aufgrund konditioneller Defizite in allen Bereichen, vornehmlich jedoch im Bereich der aeroben Energiebereitstellung (Grundlagenausdauer), lassen die Rennergebnisse zu wünschen übrig. Bei den Rennen stellt sich kein Gefühl der Leistungsfähigkeit ein. Im Training wird vorwiegend das der Periode entsprechende, recht intensive Programm durchgeführt. Zudem orientiert sich der Fahrer an seinen Teamkollegen, mit denen er auch häufig trainiert, die jedoch bereits eine bessere Form haben. Die Folgen dieser zu hohen Belastung, gemessen an der individuellen Leistungsfähigkeit, sind eine Stagnation der Formentwicklung und auf psychischer Ebene eine Motivationskrise. Häufig machen Sportler dann den Fehler und trainieren noch intensiver und fahren sich dadurch vollends „in den Keller". Nach etwa drei bis vier Rennteilnahmen müsste ein Sportler eigentlich die schlechte Form erkennen und sie an Trainingsfehlern festmachen können. Nach einem oder zwei Renneinsätzen ist dies in der Regel noch nicht auszumachen, da auch durch die Rennen häufig noch ein Entwicklungsschub ausgelöst wird. Zu diesem Zeitpunkt wird eine Änderung der Trainingsstrategie unabdingbar.

Wiederaufbautraining

Zunächst sollte die Wettkampfteilnahme für mindestens zwei, besser noch für drei bis vier Wochen zurückgestellt werden, um sich auf das Training konzentrieren zu können und um zu hohe Wettkampfbelastungen im Grenzbereich auszuschließen. Grund für die schlechte Leistungsfähigkeit ist in vielen Fällen eine zu gering entwickelte Grundlagenausdauerfähigkeit, die im Wettkampf die konditionelle Basis für ein hohes Tempo darstellt. Auch die anaerobe Mobilisation vollzieht sich auf der Basis der Grundlagenausdauer und wird im Wettkampf unbedingt für Attacken, Steigungen und Tempowechsel benötigt. Neben der schlechten aeroben Energiebereitstellung ist auch die Kraftausdauer noch nicht auf dem vorgesehenen Niveau. Hier befindet sich ein Mountainbiker jedoch in einer Zwickmühle, da sich die Kraftfähigkeiten vor allem durch die Rennen verbessern, an denen er nun jedoch nicht mehr teilnehmen soll. Zielsetzung für die nun folgende Trainingsphase muss also die Entwicklung der Grundlagenausdauer sein. Bei guter allgemeiner Verfassung sollte jedoch parallel die Kraftausdauer entwickelt werden. Unterstützend gilt es, durch funktionelles allgemeines Kräftigungstraining (vor allem Rumpfmuskulatur) die allgemeine Belastbarkeit zu erhöhen und die Bewegungsökonomie zu verbessern.

Man beginnt die neue Trainingsphase, die man als Aufbau- oder Wiederaufbauphase bezeichnen kann, mit einigen Tagen der körperlichen Ruhe. Stretching und andere regenerative Maßnahmen sowie allenfalls leichtes kompensatorisches Training stehen jetzt an.

Die Ernährung sollte während der Aufbauphase besonders ausgewogen und vollwertig sein, denn oftmals liegen durch das zu harte Training im Vorfeld bereits Mangelzustände bestimmter Nährstoffe vor. Außerdem bietet solch ein „Neuanfang" im Training auch psychisch die Möglichkeit, neu zu beginnen, um mit neuer Motivation und dem Gefühl, die Sache anzugehen, nun alles richtig zu machen. Diese neue Einstellung wirkt sich durchaus positiv auf Begleitfaktoren wie zum Beispiel Ernährung, Stretching und Lebensführung aus. Ein weiterer wichtiger Faktor ist die Zeit. Um nicht wieder zu viel und vor allem zu intensiv zu trainieren, ist es ganz wichtig, sich Zeit zu lassen. Muss eine Trainingseinheit aus einem wichtigen Grund ausfallen, so ist dies in Ordnung und die Einheit darf nicht am nächsten Tag nachgeholt werden.

Nach den Regenerationstagen beginnt man mit einem Zweierblock GA 1-Training in möglichst flachem Gelände. Ein weiterer Regenerationstag folgt. Danach sollten mehrere aufbauende Dreierblöcke im GA 1-Bereich folgen, die am jeweils letzten Tag höchste Umfänge beinhalten. Die Anzahl der Dreierblöcke richtet sich nach der Länge der Periode. Wichtig sind die Regenerationstage zwischen den

Blöcken, an denen das Rad ruhig stehen bleiben darf. Nach dem zweiten oder dritten Block kann man beginnen, Kraftausdauertraining durchzuführen. Hier bieten sich die ersten beiden Tage der Blöcke an. Auch hier gilt es, langsam und behutsam zu steigern. Gegebenenfalls können die Blöcke auch abfallend durchgeführt werden.

Gegen Ende der Wiederaufbauperiode sollte die Form über mehrere Minuten angetestet werden, indem man sich fast maximal belastet und dabei in seinen Körper horcht. Besonders das Körpergefühl und die Herzfrequenz geben Aufschluss über die Form. Die Herzfrequenz sollte schnell ansprechen und normale Belastungswerte sollten bei hoher Belastung schnell erreicht werden. Ein zügiger Abfall der Herzfrequenz nach der Belastung ist ebenso wünschenswert (siehe Abschnitt: Beurteilung des Herzfrequenzverhaltens). Zu hohe oder zu gering ansteigende Herzfrequenzen weisen auf eine sich anbahnende Infektion oder ein Regenerationsdefizit hin.

Normalerweise sollte dieses Wiederaufbautraining seine Wirkung nicht verfehlen. Auf die Angabe von Belastungsumfängen wurde in dem folgenden Trainingsschema bewusst verzichtet, da sie immer nur für eine Leistungsklasse gelten würden. Die Umfänge bewegen sich in dieser Phase aufbauend bis zu den höchsten für die jeweilige Klasse empfohlenen Umfängen.

Tag	1	2	3	4	5	6	7	8	9	10	11
Umfang	-	-	-	+	++	-	+	++	+++	-	+
Intensität	KO	KO	KO	GA 1	GA 1		GA 1	GA 1	GA 1		GA 1
Ka	-	-	-	-	-		-	-	-	-	+

Tag	12	13	14	15	16	17	18	19	20	21
Umfang	++	+++	-	++	+++	++++	-	++	+++	+++
Intensität	GA 1	GA 1		GA 1	GA 1	Ga 1		GA 1	GA 1	GA 1
Ka	++			+	++				Test	Test

Abb. 4.2:
Beispiel für das Wiederaufbautraining (+/gering, ++/mittel, +++/hoch, ++++/sehr hoch)

Das Wiederaufbautraining empfiehlt sich ebenfalls nach einer Periode mit sehr hoher Wettkampfdichte und langsam nachlassender Grundlagenausdauer. Bei einem Übertraining würde man ähnlich vorgehen, jedoch die Ruhephase zu Beginn auf mindestens eine Woche ausdehnen und noch behutsamer belasten. Die Umfänge müssten deutlich reduziert werden.

TRAININGSPLANUNG

4.3 Anmerkungen und Musterseite

Eine weit verbreitete Meinung im Ausdauersport lautet, man müsse sein Training nur so gestalten, wie vor einem erfolgreichen Wettkampf und man wird wieder erfolgreich sein. Diese Reproduzierbarkeit des Trainings ist leider nur in den wenigsten Fällen möglich und besonders im Hochleistungsbereich kann ein monotones Wiederholen von gleichen Schemata Jahr für Jahr zu einer Leistungsstagnation führen. Die Gegebenheiten sind in der Regel jedes Jahr anders und verlangen auch eine andere Planung. Auch das Kopieren des Trainings von erfolgreichen Profis ist nicht möglich, denn die Leistungsvoraussetzungen sind individuell völlig verschieden.

Um erfolgreich zu sein, müssen häufig neue Wege beschritten werden, denn nicht nur einer, sondern viele Wege führen zur Höchstleistung – allerdings im Rahmen bestimmter trainingsmethodischer Grundregeln. Nur wenn Sie neue Trainingsmethoden ausprobieren und am eigenen Körper deren Wirkungsweise spüren, können Sie sich ein Urteil darüber machen, ob diese für Sie geeignet sind. Empfehlenswert ist eine solche Experimentierphase gegen Ende der Saison, in jedem Fall nach dem Hauptwettkampf. Zu diesem Zeitpunkt kann das Training beispielsweise auf höchste Intensität oder einen extrem hohen Krafttrainingsanteil umgestellt werden, um zu beobachten, wie der Körper und die Form darauf reagieren. Über eine Akzentuierung und Variierung des Trainings, aber auch der Wettkämpfe (Wettkampfauswahl) ist häufig ein Formsprung möglich, Leistungsbarrieren können so durchbrochen werden.

Auch in der Ernährung können Änderungen erprobt werden.

Die Trainingswissenschaft ist mit ihrer Forschung sicherlich noch nicht am Ende angelangt, vielmehr wird das vorhandene Wissen stetig komplexer und neue, erfolgreichere Methoden und Varianten werden erforscht und bestätigt, während andere wiederum verworfen werden. Noch viele Veränderungen werden auf diesem Gebiet zu verzeichnen sein und was heute als die beste Methode gilt, reicht in zwanzig Jahren vielleicht nur noch zum Erreichen eines regionalen Leistungsniveaus aus.

168 MUSTERSEITE

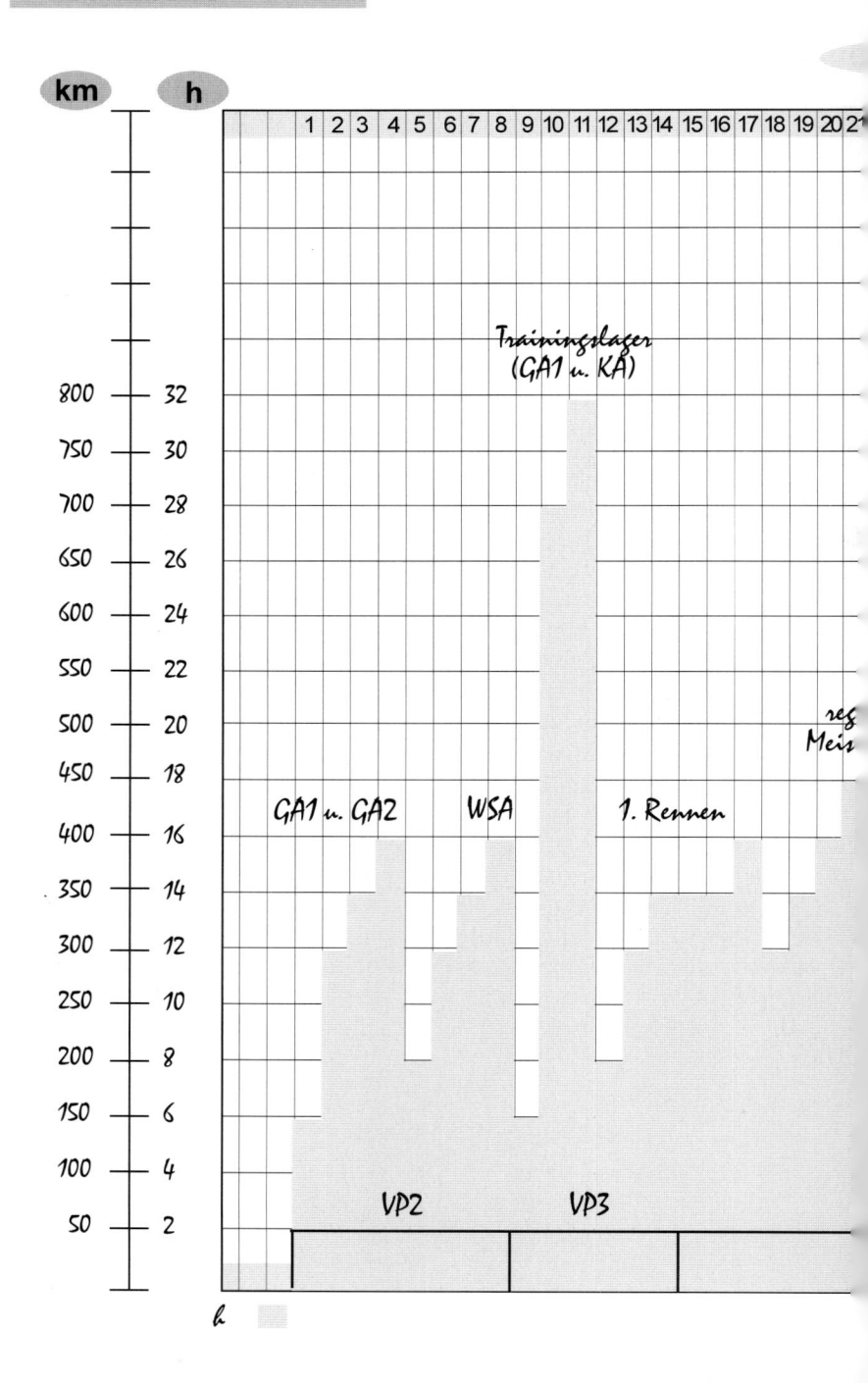

km	h		1	2	3	4	5	6	7	8	9	10	11	12	13	14	15	16	17	18	19	20	21
800	32																							
750	30																							
700	28																							
650	26																							
600	24																							
550	22																							
500	20																							
450	18																							
400	16																							
350	14																							
300	12																							
250	10																							
200	8																							
150	6																							
100	4																							
50	2																							

Trainingslager (GA1 u. KA)

GA1 u. GA2　　　WSA　　　1. Rennen　　　reg. Meis

VP2　　　VP3

MUSTERSEITE 169

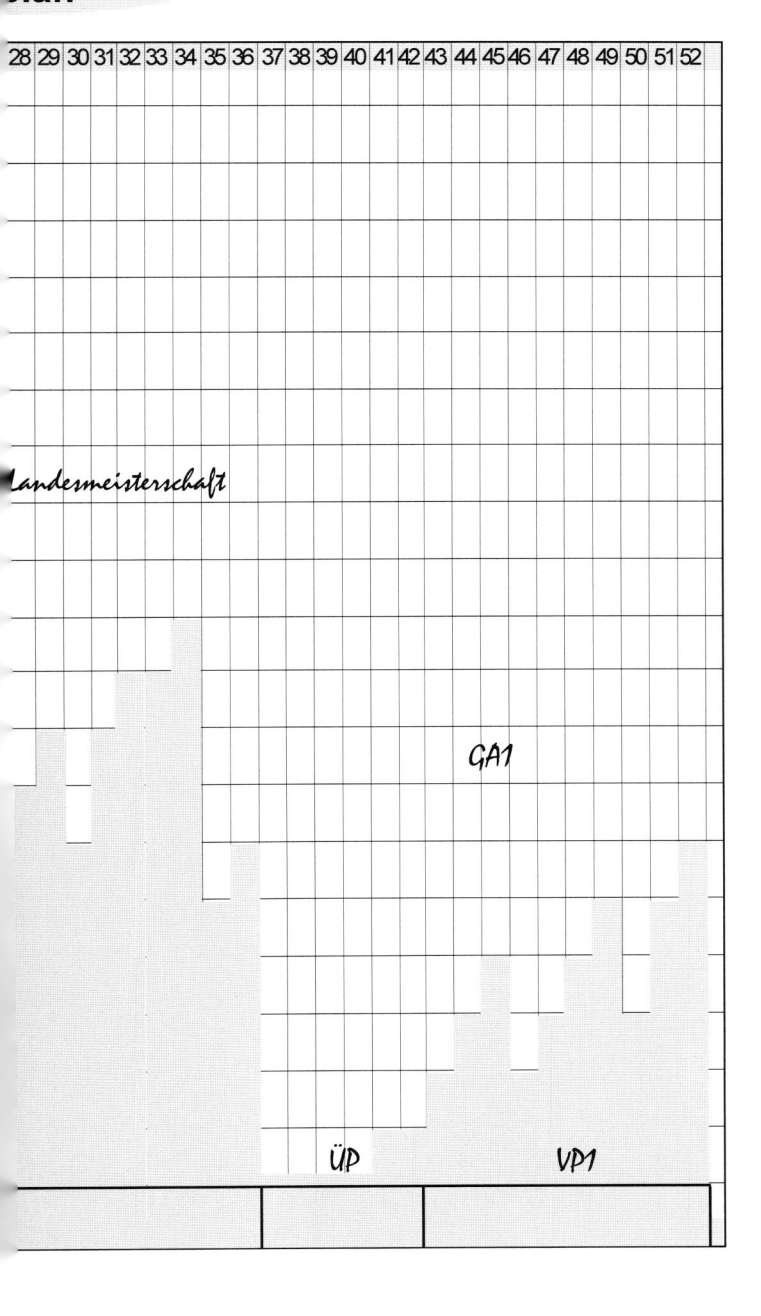

...plan

| 28 | 29 | 30 | 31 | 32 | 33 | 34 | 35 | 36 | 37 | 38 | 39 | 40 | 41 | 42 | 43 | 44 | 45 | 46 | 47 | 48 | 49 | 50 | 51 | 52 |

Landesmeisterschaft

GA1

ÜP   VP1

4.4 Der eigene Jahresplan

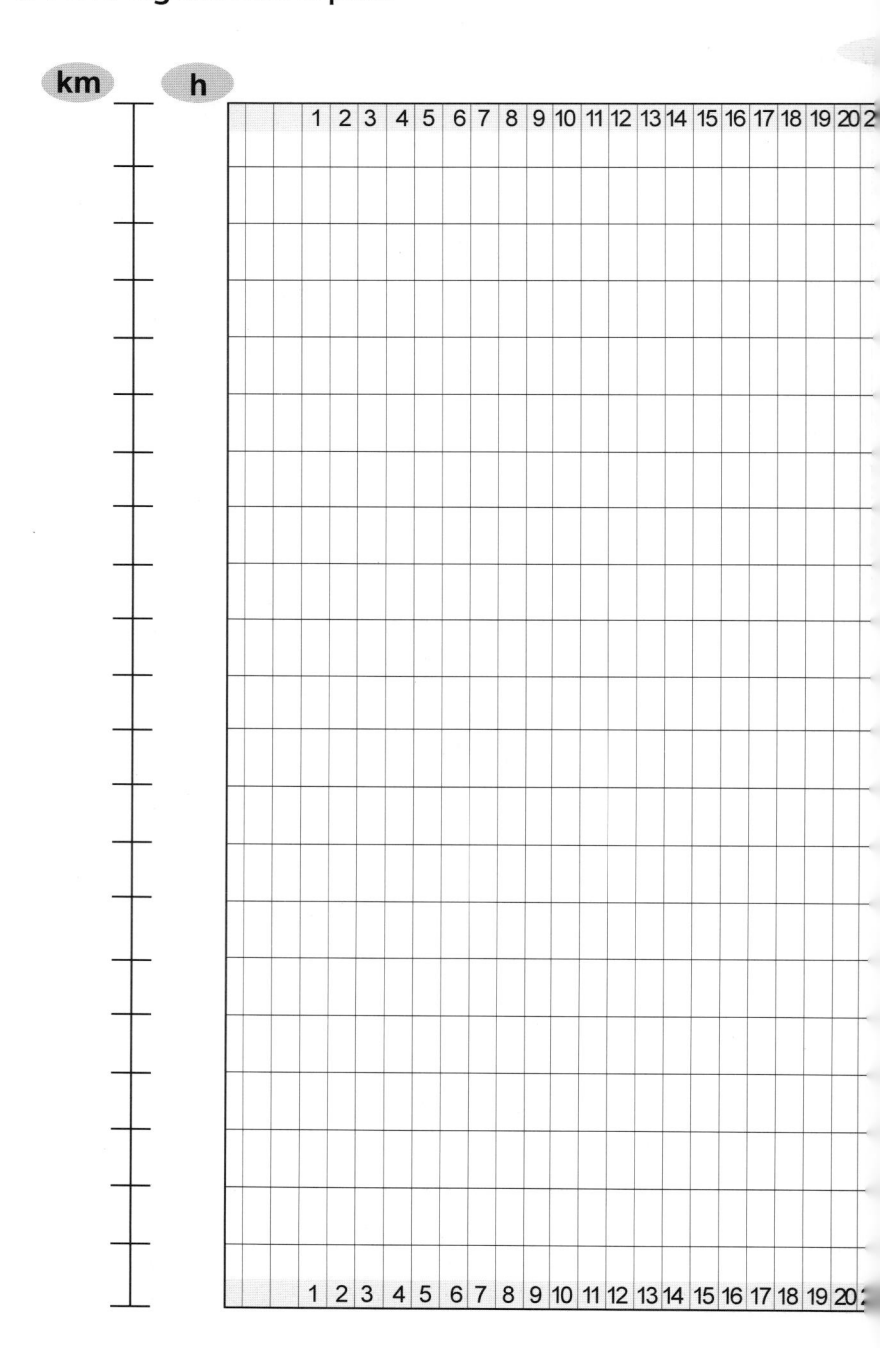

km **h**

	1	2	3	4	5	6	7	8	9	10	11	12	13	14	15	16	17	18	19	20

	1	2	3	4	5	6	7	8	9	10	11	12	13	14	15	16	17	18	19	20

plan

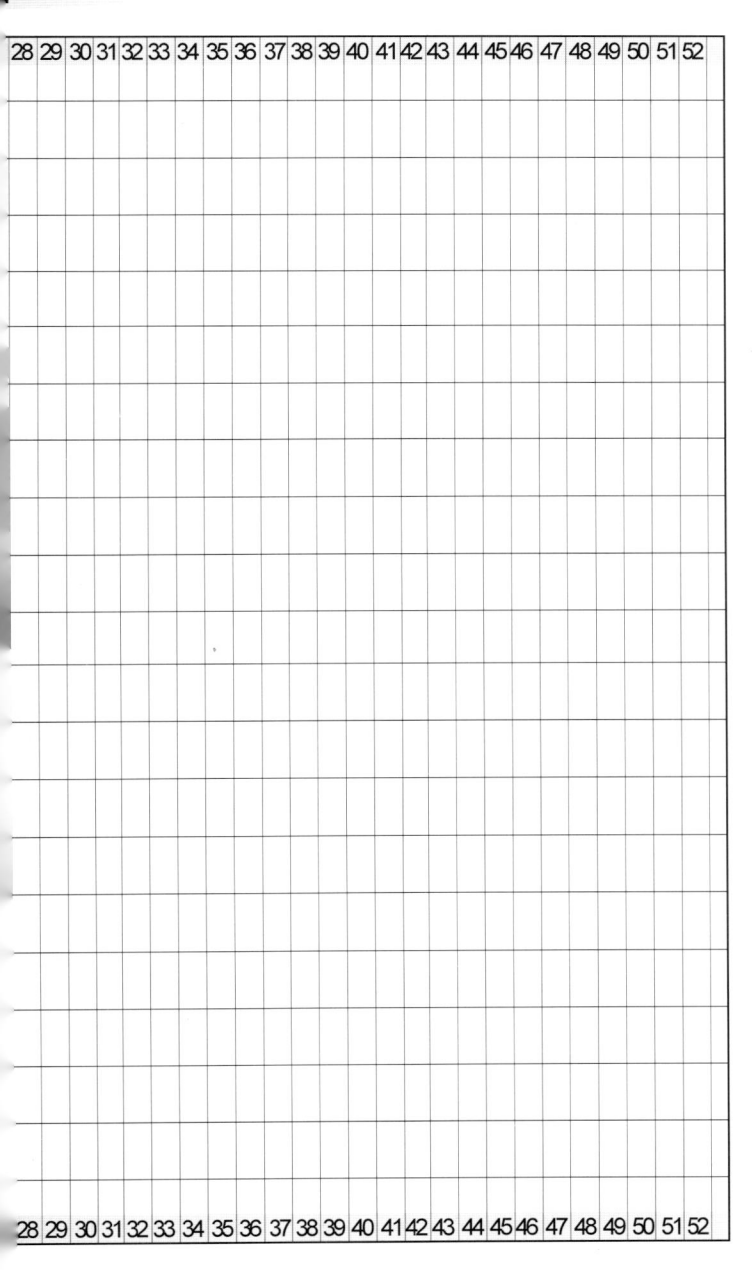

28	29	30	31	32	33	34	35	36	37	38	39	40	41	42	43	44	45	46	47	48	49	50	51	52

Trainingsplanung Woche _____ **bis** _____ **Periode:** _____

Wo.	Tag	Sportart	Dauer	Distanz				Inhalt/ Intensität	Bemerkungen Ziele
	Mo.								
	Di.								
	Mi.								
	Do.								
	Fr.								
	Sa.								
	So.								
	Mo.								
	Di.								
	Mi.								
	Do.								
	Fr.								
	Sa.								
	So.								
	Mo.								
	Di.								
	Mi.								
	Do.								
	Fr.								
	Sa.								
	So.								
	Mo.								
	Di.								
	Mi.								
	Do.								
	Fr.								
	Sa.								
	So.								

Trainingsplanung Woche _____ **bis** _____ **Periode:** _____

No.	Tag	Sportart	Dauer	Distanz				Inhalt/ Intensität	Bemerkungen/ Ziele
	Mo.								
	Di.								
	Mi.								
	Do.								
	Fr.								
	Sa.								
	So.								
	Mo.								
	Di.								
	Mi.								
	Do.								
	Fr.								
	Sa.								
	So.								
	Mo.								
	Di.								
	Mi.								
	Do.								
	Fr.								
	Sa.								
	So.								
	Mo.								
	Di.								
	Mi.								
	Do.								
	Fr.								
	Sa.								
	So.								

Trainingsplanung Woche _____ **bis** _____ **Periode:** _____

Wo.	Tag	Sportart	Dauer	Distanz				Inhalt/ Intensität	Bemerkungen, Ziele
	Mo.								
	Di.								
	Mi.								
	Do.								
	Fr.								
	Sa.								
	So.								
	Mo.								
	Di.								
	Mi.								
	Do.								
	Fr.								
	Sa.								
	So.								
	Mo.								
	Di.								
	Mi.								
	Do.								
	Fr.								
	Sa.								
	So.								
	Mo.								
	Di.								
	Mi.								
	Do.								
	Fr.								
	Sa.								
	So.								

Trainingsplanung Woche _____ **bis** _____ **Periode:** _____

No.	Tag	Sportart	Dauer	Distanz				Inhalt/ Intensität	Bemerkungen/ Ziele
	Mo.								
	Di.								
	Mi.								
	Do.								
	Fr.								
	Sa.								
	So.								
	Mo.								
	Di.								
	Mi.								
	Do.								
	Fr.								
	Sa.								
	So.								
	Mo.								
	Di.								
	Mi.								
	Do.								
	Fr.								
	Sa.								
	So.								
	Mo.								
	Di.								
	Mi.								
	Do.								
	Fr.								
	Sa.								
	So.								

Trainingsplanung Woche _____ **bis** _____ **Periode:** _____

Wo.	Tag	Sportart	Dauer	Distanz				Inhalt/ Intensität	Bemerkungen Ziele
	Mo.								
	Di.								
	Mi.								
	Do.								
	Fr.								
	Sa.								
	So.								
	Mo.								
	Di.								
	Mi.								
	Do.								
	Fr.								
	Sa.								
	So.								
	Mo.								
	Di.								
	Mi.								
	Do.								
	Fr.								
	Sa.								
	So.								
	Mo.								
	Di.								
	Mi.								
	Do.								
	Fr.								
	Sa.								
	So.								

Trainingsplanung Woche _____ **bis** _____ **Periode:** _____

No.	Tag	Sportart	Dauer	Distanz				Inhalt/ Intensität	Bemerkungen/ Ziele
	Mo.								
	Di.								
	Mi.								
	Do.								
	Fr.								
	Sa.								
	So.								
	Mo.								
	Di.								
	Mi.								
	Do.								
	Fr.								
	Sa.								
	So.								
	Mo.								
	Di.								
	Mi.								
	Do.								
	Fr.								
	Sa.								
	So.								
	Mo.								
	Di.								
	Mi.								
	Do.								
	Fr.								
	Sa.								
	So.								

Trainingsplanung Woche _____ **bis** _____ **Periode:** _____

Wo.	Tag	Sportart	Dauer	Distanz				Inhalt/ Intensität	Bemerkungen Ziele
	Mo.								
	Di.								
	Mi.								
	Do.								
	Fr.								
	Sa.								
	So.								
	Mo.								
	Di.								
	Mi.								
	Do.								
	Fr.								
	Sa.								
	So.								
	Mo.								
	Di.								
	Mi.								
	Do.								
	Fr.								
	Sa.								
	So.								
	Mo.								
	Di.								
	Mi.								
	Do.								
	Fr.								
	Sa.								
	So.								

Trainingsplanung Woche _____ **bis** _____ **Periode:** _____

No.	Tag	Sportart	Dauer	Distanz				Inhalt/Intensität	Bemerkungen/Ziele
	Mo.								
	Di.								
	Mi.								
	Do.								
	Fr.								
	Sa.								
	So.								
	Mo.								
	Di.								
	Mi.								
	Do.								
	Fr.								
	Sa.								
	So.								
	Mo.								
	Di.								
	Mi.								
	Do.								
	Fr.								
	Sa.								
	So.								
	Mo.								
	Di.								
	Mi.								
	Do.								
	Fr.								
	Sa.								
	So.								

Trainingsplanung Woche _____ **bis** _____ **Periode:** _____

Wo.	Tag	Sportart	Dauer	Distanz				Inhalt/ Intensität	Bemerkungen Ziele
	Mo.								
	Di.								
	Mi.								
	Do.								
	Fr.								
	Sa.								
	So.								
	Mo.								
	Di.								
	Mi.								
	Do.								
	Fr.								
	Sa.								
	So.								
	Mo.								
	Di.								
	Mi.								
	Do.								
	Fr.								
	Sa.								
	So.								
	Mo.								
	Di.								
	Mi.								
	Do.								
	Fr.								
	Sa.								
	So.								

Trainingsplanung Woche _____ bis _____ Periode: _____

Wo.	Tag	Sportart	Dauer	Distanz				Inhalt/ Intensität	Bemerkungen/ Ziele
	Mo.								
	Di.								
	Mi.								
	Do.								
	Fr.								
	Sa.								
	So.								
	Mo.								
	Di.								
	Mi.								
	Do.								
	Fr.								
	Sa.								
	So.								
	Mo.								
	Di.								
	Mi.								
	Do.								
	Fr.								
	Sa.								
	So.								
	Mo.								
	Di.								
	Mi.								
	Do.								
	Fr.								
	Sa.								
	So.								

Trainingsplanung Woche _____ **bis** _____ **Periode:** _____

Wo.	Tag	Sportart	Dauer	Distanz				Inhalt/ Intensität	Bemerkungen Ziele
	Mo.								
	Di.								
	Mi.								
	Do.								
	Fr.								
	Sa.								
	So.								
	Mo.								
	Di.								
	Mi.								
	Do.								
	Fr.								
	Sa.								
	So.								
	Mo.								
	Di.								
	Mi.								
	Do.								
	Fr.								
	Sa.								
	So.								
	Mo.								
	Di.								
	Mi.								
	Do.								
	Fr.								
	Sa.								
	So.								

Trainingsplanung Woche _____ **bis** _____ **Periode:** _____

Wo.	Tag	Sportart	Dauer	Distanz				Inhalt/ Intensität	Bemerkungen/ Ziele
	Mo.								
	Di.								
	Mi.								
	Do.								
	Fr.								
	Sa.								
	So.								
	Mo.								
	Di.								
	Mi.								
	Do.								
	Fr.								
	Sa.								
	So.								
	Mo.								
	Di.								
	Mi.								
	Do.								
	Fr.								
	Sa.								
	So.								
	Mo.								
	Di.								
	Mi.								
	Do.								
	Fr.								
	Sa.								
	So.								

Trainingsplanung Woche _____ **bis** _____ **Periode:** _____

Wo.	Tag	Sportart	Dauer	Distanz				Inhalt/ Intensität	Bemerkungen, Ziele
	Mo.								
	Di.								
	Mi.								
	Do.								
	Fr.								
	Sa.								
	So.								
	Mo.								
	Di.								
	Mi.								
	Do.								
	Fr.								
	Sa.								
	So.								
	Mo.								
	Di.								
	Mi.								
	Do.								
	Fr.								
	Sa.								
	So.								
	Mo.								
	Di.								
	Mi.								
	Do.								
	Fr.								
	Sa.								
	So.								

5 Leistungsdiagnostik und Trainingsbereiche

Auf den folgenden Seite finden Sie Vordrucke für einfache Leistungstests, Maximal-Tests, Feldstufentests und Labortests. Zumindest die ersten beiden sollten Sie regelmäßig durchführen, um Ihren Trainingszustand zu beurteilen und gegebenenfalls die Trainingsintensitäten zu berechnen.

Die Vordrucke bedürfen keiner weiteren Erklärung.

In eines der freien Koordinatensysteme zur Jahresanalyse (III oder IV) können Sie auch die Ergebnisse der Leistungsdiagnostik eintragen.

5.1 Leistungstests

Führen Sie einen einfachen Leistungstest durch, indem Sie eine vorgegebene Strecke möglichst schnell zurücklegen. Diese Strecke sollte im Ausdauersport nicht zu kurz sein und eine Belastungsdauer von mindestens 10-15 Minuten gewährleisten. Achten Sie darauf, dass Sie bei der Durchführung des Tests nicht durch Verkehrsteilnehmer oder andere Umstände abbremsen müssen. Notieren Sie Ihre Strecke und notieren Sie ebenfalls die Witterungsumstände. Versuchen Sie, den Test bei jeweils ähnlichen Witterungsverhältnissen durchzuführen. Die Streckenlängen sind von Ihren Wettkampfstrecken abhängig. Die Teststrecke sollte im Anforderungsprofil (Höhenmeter) in etwa Ihren Wettkämpfen entsprechen; nehmen Sie z.B. an Bergläufen teil, so sollte auch Ihre Teststrecke einige Höhenmeter aufweisen; laufen Sie auf der Bahn, kann Sie getrost flach ausfallen.

LEISTUNGSDIAGNOSTIK UND TRAININGSBEREICHE

Beispiele für Leistungsteststrecken verschiedener Sportarten:

Laufen	5.000-10.000 m
Schwimmen	1000-3000 m
Radfahren	5-30 km
Skilanglauf	5-20 km
In-Line Skaten	10-25 km
Mountainbiken	5-20 km

Anhand der Entwicklung Ihrer Zeiten können Sie Ihren Formverlauf dokumentieren. Hierzu können Sie die Werte in ein Koordinatensystem eintragen.

Leistungstest

	1.	2.	3.
Datum			
Ort			
Streckenlänge			
Zeit			
Bemerkungen			

	4.	5.	6.
Datum			
Ort			
Streckenlänge			
Zeit			
Bemerkungen			

5.2 Herzfrequenz-Maximaltest

Ein wichtiges Kriterium zur Ermittlung Ihrer Trainingsherzfrequenzen ist die maximale Herzfrequenz (MHF). Betreiben Sie mehrere Sportarten, so sollten Sie die maximale Herzfrequenz in jeder Sportart ermitteln, da sie von der eingesetzten Muskelmasse und der Bewegungsfrequenz abhängig ist.

Suchen Sie sich eine Strecke aus, die Sie bei maximalem Tempo in etwa 4-5 Minuten zurücklegen können. Nach ausreichendem Aufwärmen steigern Sie Ihr Tempo, so dass Sie sich die letzte Minute mit maximaler Geschwindigkeit fortbewegen.

Kurz nach dem Belastungsabbruch ist die Herzfrequenz in der Regel am höchsten. Notieren Sie diesen Wert. Dieser Test sollte bei erstmaliger Durchführung an verschiedenen Tagen absolviert werden, um den Einfluss von etwaigen Begleitumständen, besonders von motivationalen Faktoren zu minimieren. Nach einigen Messungen bekommt man ein Gespür für die maximale Herzfrequenz und kann sie häufig aufgrund einer zutreffenden Einschätzung der Körpergefühle genau voraussagen.

In vielen Fällen liegt die MHF in einem Bereich von 220 - Lebensalter; Ausnahmen bestätigen aber auch hier die Regel, denn trainierte Ausdauersportler haben häufig auch in einem Alter bis 35 Jahre oder sogar darüber noch eine maximale Herzfrequenz von etwa 200.

Besonders ältere Sportler (ab 50) und Anfänger sollten den Maximaltest wegen der bestehenden Risiken nicht in Eigenregie, sondern nur unter ärztlicher Aufsicht, zumindest aber nach ärztlichem Check durchführen.

Die Messung ist nur mit einem Herzfrequenzmessgerät ausreichend genau und für das weitere Vorgehen brauchbar, denn bei der extremen Erschöpfung zum Ende des Tests ist ein manuelles Messen der sehr hohen Werte kaum möglich.

Bei technisch anspruchsvollen Bewegungen wie dem In-Line Skaten oder dem Skilanglauf wird aufgrund mangelnder Technik häufig nicht die maximal mögliche Herzfrequenz erreicht.

Herzfrequenz-Maximaltest

	1.	2.	3.
Datum			
Ort			
Max. HF			
Bemerkungen			
Trainingsbereiche (Berechnung)			
KO			
GA 1			
GA 2			
WSA			

	4.	5.	6.
Datum			
Ort			
Max. HF			
Bemerkungen			
Trainingsbereiche (Berechnung)			
KO			
GA 1			
GA 2			
WSA			

Berechnung der Intensitätsbereiche

Die Festlegung der Trainingsbereiche nach dieser einfachen Methode stellt eine echte Alternative zur teuren und diffizil zu interpretierenden Leistungsdiagnostik dar, die jedoch exakter ist und vor allem im Spitzenbereich angewendet wird. Aber selbst für gute Ausdauersportler ist die hier dargelegte Vorgehensweise ohne weiteres anwendbar.

	KO	GA 1	GA 2	WSA
Laufen	<70%	65-80%	80-90%	>90%
Radfahren	<60%	60-75%	75-85%	85-95%
Skilanglauf	<70%	65-80%	80-90%	>90%
In-Line Skating	<60%	60-75%	75-85%	85-95%
Mountainbiking	<60%	60-75%	75-85%	85-95%

Abb. 5.1: Trainingsintensitäten in Prozent der maximalen Herzfrequenz

Zur Berechnung der Belastungsherzfrequenzen multiplizieren Sie die maximale Herzfrequenz mit einem Intensitätsfaktor (s. Tabelle, S. 102). Dieser Faktor entspricht einem Prozentsatz.

Beispiel: 200 x 0,7 = 140

Der errechnete Wert wäre für die betreffende Person (MHF: 200) die Herzfrequenzobergrenze für den kompensatorischen Bereich (regeneratives Training) beim Laufen. In der Tabelle im Anhang können Sie, ohne zu rechnen, Ihre Trainingsherzfrequenzen ablesen.

5.3 Feldstufentest

Der Feldstufentest ist ein Stufentest (steigende Belastungsstufen), der nicht in einem Labor unter standardisierten und idealisierten Bedingungen, sondern „auf freiem Feld", das heißt auf der Straße, im Wald, Schwimmbad oder auf der Bahn, durchgeführt wird. Führen Sie den Feldstufentest in Ihrer Sportart durch, denn nur so erhalten Sie genaue Werte.

Aufgrund verschiedener äußerer Faktoren (Wind, Strecke, Temperatur, Material, etc.) können Vergleiche zwischen mehreren Tests eines Sportlers oder gleichzeitigen Tests verschiedener Sportler nur mit Einschränkungen angestellt werden.

Nach Möglichkeit sollten Sie einen Feldtest wegen der einheitlichen Rahmenbedingungen auf einer festgelegten Strecke bei ähnlichen Witterungsverhältnissen durchführen.

Beim Feldtest werden normalerweise nur drei Parameter bestimmt, nämlich die Herzfrequenz und der Laktatwert in Abhängigkeit zur Geschwindigkeit.

Die Intensität während des Tests wird entweder über Geschwindigkeits- oder Herzfrequenzvorgaben gesteuert. Dabei wird die Herzfrequenz mit dem Herzfrequenzmessgerät aufgezeichnet und nach den einzelnen Stufen auch der Laktatwert bestimmt. Sie sollten die Geschwindigkeits- oder Herzfrequenzvorgaben mit Hilfe ihrer Stoppuhr, Ihres Fahrradcomputers oder Herzfrequenzmessgeräts so genau wie möglich bis zum Belastungsabbruch einhalten. Die Stufenlänge und die Anzahl der Stufen können Sie der nachfolgenden Abbildung entnehmen. Je länger Ihre Wettkampfstrecken sind, desto länger sollte auch die Stufendauer sein. Kürzere Stufendauern als die angegebenen machen wenig Sinn, da der Laktatwert immer mehrere Minuten zum Einregulieren benötigt. Die Strecke sollte eine gleichmäßige Belastung zulassen und daher möglichst flach sein.

	Stufenlänge	Anzahl der Stufen
Laufen	2-3 km	4-6
Radfahren	4-6 km	4-6
Skilanglauf	3-4 km	4-6
In-Line Skating	3-5 km	4-6
Schwimmen	300-400 m	4-6
Mountainbiking	4-6 km	4-6

Abb. 5.2: Stufenlängen bei Feldtests in verschiedenen Sportarten

Herzfrequenzmethode

Bei der Belastungsvorgabe über die Herzfrequenz braucht man ein wenig Tempo- und Körpergefühl und vor allem Erfahrung mit der herzfrequenzorientierten Intensitätssteuerung. Die erste Stufe sollte klar im aeroben Bereich liegen, die zweite wenn möglich ebenfalls, die dritte im Mischbereich und die vierte knapp unterhalb der anaeroben Schwelle. Die letzte Stufe kann den anaeroben Bereich anschneiden. Die Herzfrequenzfolge von 115-130-145-160-175-190 hat sich für trainierte Sportler bewährt. Notieren Sie die Herzfrequenzstufen schon vor dem

Test auf dem Vordruck. Der Test lässt sich am einfachsten mit einem Helfer durchführen, der Ihnen das Blut aus dem Ohrläppchen oder Finger entnimmt und die Laktatbestimmung mit einem portablen Laktatmessgerät durchführt.
Tragen Sie alle Werte, auch die benötigte Zeit pro Stufe, in den Vordruck ein. Am besten funktioniert der Test mit einem Herzfrequenzmessgerät mit Speicher, den Sie im Nachhinein auswerten können.

Aufgrund des exponentiellen Anstiegs des Luftwiderstands bei hohen Geschwindigkeiten ist die Herzfrequenzmethode der Geschwindigkeitsmethode beim Radfahren, Mountainbiken und In-Line Skaten vorzuziehen.

Geschwindigkeitsmethode

Die Geschwindigkeitsmethode ist relativ schwierig durchzuführen, da Sie ein sehr gutes Zeitgefühl benötigen. Sie müssen die Runden oder Streckenabschnitte dann in bestimmten Zeiten zurücklegen, die Sie ausgehend von Ihren Bestzeiten berechnen.

Feldstufentest

	1.	2.
Datum		
Ort		
Stufenlänge		
Belastungsstufen		
(HF oder V)		
Laktat (mmol/l)		
Zeit		
Trainingsbereiche (Berechnung)		
KO		
GA 1		
GA 2		
WSA		

		3.	4.
Datum			
Ort			
Stufenlänge			
Belastungsstufen			
(HF oder V)			
Laktat (mmol/l)			
Zeit			
	Trainingsbereiche (Berechnung)		
KO			
GA 1			
GA 2			
WSA			

Auswertung

Zunächst einmal tragen Sie in ein Koordinatensystem (Blanko-Vordruck) auf der linken Achse die Laktatkonzentration und auf der rechten Achse die Herzfrequenz auf (jeweils Ordinate). Auf der unteren Achse (Abzisse) wird die Geschwindigkeit aufgetragen (für jede Stufe errechnen). Nun werden die einzelnen Datenpaare eingetragen. Es entstehen zwei Datenreihen; zum einen die Laktat-Geschwindigkeits-Datenreihe und die Herzfrequenz-Geschwindigkeits-Datenreihe. Werden die Punkte der beiden Datenreihen miteinander verbunden, entstehen zwei Kurven.

Bei der Auswertung der Kurve setzt man einen bestimmten Laktatwert in Beziehung zu der entsprechenden Herzfrequenz auf der anderen Kurve. So erhält man beispielsweise als Ergebnis, dass die aerobe Schwelle bei einer Herzfrequenz von 130 liegt. Im Grundlagentraining 1 sollte die Herzfrequenz von 130 daher nicht überschritten werden.

Die aerobe Schwelle entspricht in der Laktat-Geschwindigkeits-Kurve dem niedrigste Messwert, vorausgesetzt, es liegt kein Messfehler vor. Zur Ermittlung der anaeroben Schwelle addiert man 1,5 mmol/l Laktat zu dem aeroben Schwellenwert.

Die übrigen Trainingsbereiche werden entsprechend den in der Abbildung angegebenen Laktatwerten ermittelt.

	KO	GA 1	GA 2	WSA
Laktat (mmol/l)	< 2,0	1,1-2,5	2,5-6,0	> 6,0

Abb. 5.3: Laktatkonzentrationen der Trainingsbereiche

5.4 Leistungsdiagnostik

Die Leistungsdiagnostik ist ein sehr umfassendes Thema und kann im Rahmen dieses Buches nur angeschnitten werden. Es soll daher nicht detailliert auf die verschiedenen Testverfahren der Leistungsdiagnostik eingegangen werden.

Der „sich-selbst-trainierende Ausdauersportler" wäre in aller Regel mit der Interpretation der leistungsdiagnostischen Ergebnisse überfordert und sollte sich daher von Vorneherein an einen Fachmann wenden. So führen inzwischen viele private Trainingsberatungsinstitute leistungsdiagnostische Untersuchungen durch. Auch an Universitäten besteht häufig Bedarf an ausdauertrainierten Probanden. Hier bekommt man im Rahmen einer solchen Studie diese Untersuchung gelegentlich kostenlos, muss aber in der Regel viel Zeit dafür investieren.

Kritische Worte zur Leistungsdiagnostik

Die Notwendigkeit einer komplexen Leistungsdiagnostik im Bereich der Ausdauerelite ist sicherlich nicht von der Hand zu weisen, denn hier müssen möglichst viele Parameter zur Leistungssteuerung herangezogen werden, um eine präzise Planung vornehmen zu können. Zudem werden diese Sportler an den renommiertesten Universitäten auf diesem Gebiet untersucht, was einen entscheidenden Pluspunkt darstellt.

Im Leistungssport auf regionalem Niveau jedoch besteht diese Notwendigkeit keineswegs, denn wie beschrieben, kann das Training auch mit anderen Methoden effektiv gesteuert werden. Dennoch ist ein Stufentest auch in diesem Bereich eine interessante Erfahrung.

Die leistungsdiagnostischen Ergebnisse beispielsweise eines Stufentests werden indes von einer Vielzahl Faktoren beeinflusst, die zum Teil wenig kalkulierbar sind. Leider wird auch immer wieder von fehlerhaften Durchführungen der Tests berichtet, ganz zu schweigen von der richtigen Interpretation der Ergebnisse und der Umsetzung in einen Trainingsplan.

LEISTUNGSDIAGNOSTIK UND TRAININGSBEREICHE

Gerade Ausdauersportler mit einem geringen Zeitbudget, wenig Trainingsmotivation oder aber Anfänger erhoffen sich von einer leistungsdiagnostischen Untersuchung Wunder. Aber unter dem Strich bleibt die Tatsache bestehen, dass ein hohes Trainingspensum und ein gewisses Trainingsalter notwendig ist, um hohe Leistungen zu erbringen.

Die Ergebnisse einer leistungsdiagnostischen Untersuchung sollten Sie allerdings nicht überbewerten, denn Höchstleistungen können auch ohne aufwendige Tests durch richtiges Training und Erfahrung erbracht werden. Ein einzelner Test kann nicht viel Aufschluss für das Training bringen, Sie müssen sich also regelmäßig untersuchen lassen, um den vollen Nutzen aus der Leistungsdiagnostik ziehen zu können. Die Laborleistungsdiagnostik soll die Trainingsgestaltung kontrollieren, so dass optimale Trainingsreize gesetzt werden können.

Stufentest

Der Sportler wird bei stufenweiser Belastungssteigerung bis zum Belastungsabbruch auf einem individuell eingestellten Fahrradergometer oder Laufband belastet. Die Stufenlängen betragen je nach Lehrmeinung und Testzweck zwischen zwei und vier Minuten bei Belastungssteigerungen von 20 bis 50 Watt pro Stufe (Fahrradergometer). Man geht in letzter Zeit dazu über, die Belastungssteigerungen pro Minute zu reduzieren. Eine Standarduntersuchungsmethode beginnt bei 100 Watt und steigert alle 3 Minuten um 20 Watt. Dadurch lässt sich das Laktat- und Herzfrequenzverhalten sehr genau verfolgen. Tests mit Steigerungen von 40 Watt und mehr alle drei Minuten gelten inzwischen nicht mehr als der Belastungsstruktur angemessen, werden aus Zeitgründen im kommerziellen Bereich aber immer noch angewandt.

Um eine Vergleichbarkeit der Tests zu gewährleisten, müssen sie unter standardisierten Bedingungen durchgeführt werden, denn die Art der Ernährung, das Training des Vortags oder die Messmethode für Laktat haben beispielsweise bereits entscheidenden Einfluss auf die Testergebnisse.

Während des Tests können verschiedene Messungen zur Bestimmung von physiologischen und biomechanischen Größen wie Herzfrequenz, Elektrokardiogramm (EKG), Tret-/Schrittfrequenz, Leistung, Sauerstoffaufnahme, Atemminutenvolumen und Laktatkonzentration durchgeführt werden.

Im Rahmen dieser Einführung wird nicht näher auf die genaue Durchführung eines Stufentests eingegangen, da solche Tests ohnehin nicht in Eigenregie durchgeführt werden können.

Die wichtigsten Größen, die letztlich auch in Bezug zueinander gesetzt werden, sind Leistung oder Geschwindigkeit, Herzfrequenz und die dazugehörigen Laktatwerte sowie gegebenenfalls spiroergometrische Parameter. Stellt man dies grafisch dar, so erhält man die sogenannte **Laktatleistungskurve**, an Hand derer die aerobe und anaerobe Schwelle ermittelt werden kann.

Aerobe und anaerobe Schwelle

Die aerobe Schwelle liegt beim ausdauertrainierten Sportlern durchschnittlich zwischen etwa 1,5 und 2,5 mmol Laktat/l Blut, die anaerobe zwischen 3,5 und 4,5 mmol/l; hier differieren die Auffassungen der Sportwissenschaft jedoch noch relativ stark. Genauer ist die rechnerische Bestimmung der individuellen Schwellen. Wie die Abbildung 5.3 zeigt, wird eine Belastung unterhalb der aeroben Schwelle rein aerob erbracht, zwischen den Schwellen liegt ein Mischstoffwechsel vor und oberhalb der anaeroben Schwelle vorwiegend der anaerobe Stoffwechsel. Eine längere Belastung oberhalb der anaeroben Schwelle ist zwingend mit einem Laktatanstieg verbunden und muss in der Regel nach entsprechender Zeit (wenige Sekunden bis mehrere Minuten) abgebrochen werden.

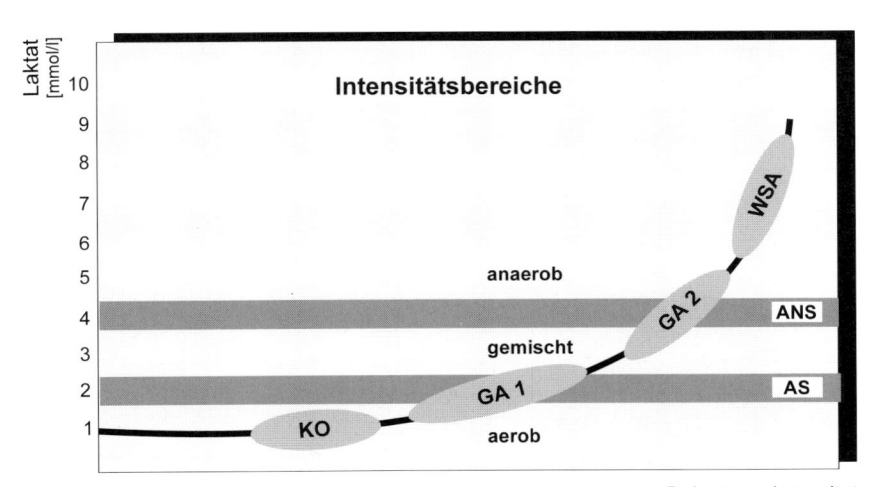

Abb. 5.4: Schwellenmodell und Intensitätsbereiche. Die Schwellen sind hier als dicke Schattierungen eingetragen, die die mögliche Bandbreite der Werte darstellen sollen. Die Intensitätsbereiche sind schematisch eingetragen. AS: aerobe Schwelle, ANS: anaerobe Schwelle.

Auswertung

Bei der Auswertung werden die Herzfrequenz und Leistung/Geschwindigkeit zu den Laktatwerten in Bezug gesetzt. Rechnerisch werden dann individuelle Schwellen bestimmt. Anhand mehrerer Laktatleistungskurven lässt sich der Leistungszuwachs oder allgemeiner die Leistungsentwicklung genau zurückverfolgen.

Sieht man einmal von den die Testergebnisse beeinflussenden Faktoren ab, so ist die Labordiagnostik, richtig durchgeführt, die genaueste Methode zur Festlegung der Trainingsbereiche. Außerdem kann nur so die maximale Leistungsfähigkeit bestimmt und quantifiziert werden.

Laborstufentest

	1.
Datum	
Ort	
Stufenlänge	
Belastungsstufen	
Laktat (mmol/l)	
Herzfrequenz	
Trainingsbereiche	
KO	
GA 1	
GA 2	
WSA	

	2.
Datum	
Ort	
Stufenlänge	
Belastungsstufen	
Laktat (mmol/l)	
Herzfrequenz	
Trainingsbereiche	
KO	
GA 1	
GA 2	
WSA	

6 Anhang

Kraftzirkel

Für das nahezu tägliche Krafttraining zu Hause auch auf kleinstem Raum und bei geringem Zeitbedarf hat sich der folgende kleine Zirkel bewährt. Versuchen Sie, diesen Zirkel möglichst täglich zu absolvieren. Sie werden dadurch die Belastungsverträglichkeit des Ausdauertrainings deutlich erhöhen und zudem präventiv etwas für Ihren Stützapparat tun.

Die sieben ausgewählten Übungen belasten größtenteils mehrgelenkig und trainieren dadurch alle wichtigen Muskelgruppen für die meisten Ausdauersportarten.

Diesen Zirkel können Sie auch nach dem Training vor dem Duschen noch zügig durchführen. Wiederholen Sie ihn bei sehr kurzen Satzpausen (wenige Minuten) zwischen 2 und 5 mal. Die einzelnen Übungen werden ohne Pause in der angegebenen Reihenfolge durchgeführt.

Sind Sie unterwegs und haben keine Zeit zu trainieren, hält Sie dieser Zirkel zumindest hinlänglich fit.

Übungsname	Wdh.	Muskelgruppen	Hilfsmittel
1. Liegestütze	15	Arme, Brust, Rücken	
2. Fußstrecker	30 je Seite	Waden	Wand
3. Sit-up's	15	Bauch	Bett
4. Fußbeuger	15		
5. Liegestütze rückwärts	15	Schienbeinmuskulatur Trizeps	Bett Thera-Band
6. Klimmzüge Bauchlage	20	Rücken	
7. Squat Jumps	20	Beinstrecker, Gesäß	

Die Wiederholungszahl ist dem jeweiligen Leistungsstand anzupassen.

Erläuterungen

1. Normale Liegestütze (langsam und schnell). Achten Sie auf einen angespannten geraden Rumpf.

2. Mit dem Gesicht zur Wand auf einem gestreckten Bein stehend strecken Sie das Fußgelenk (Wadenmuskel), Sie drücken also Ihr Körpergewicht nach oben.

3. Die Beine sind in der Luft. Achten Sie auf einen 90°-Winkel in Hüfte, Knie und Fußgelenk. Sie können auch über Kreuz Ellenbogen und Knie annähern (variieren).

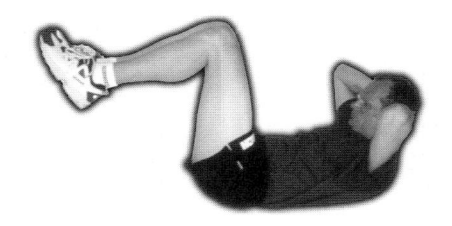

4. Mit einem Thera-Band, das Sie z.B. an einem Stuhlbein befestigen, ziehen Sie die Fußspitze auf sich zu und geben wieder dosiert nach.

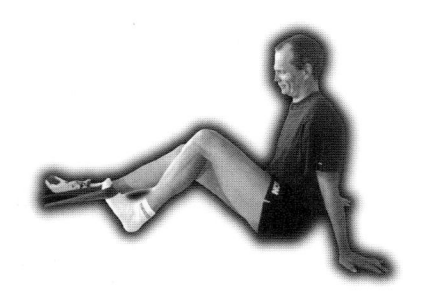

ANHANG

5. An der Bettkante führen Sie Liegestütze rückwärts durch. Dabei sind die Beine leicht gebeugt.

6. Auf dem Bauch liegend, mit Blick auf den Fußboden und gestreckten Beinen und Füßen (5 cm vom Boden weg) führen Sie mit den Armen ganz langsame Klimmzugbewegungen durch.

7. Squat Jumps, eine Art Schlusssprünge. Achten Sie auf einen absolut fixierten, aufrechten Oberkörper und Ihre Hände, die Sie zu Fäusten neben dem Kopf ballen.
Kniebeugung in Beugestellung etwa 90°.

Abb: 5.5: Herzfrequenz-Tabelle zur Ermittlung der Trainingsbereiche (jeweils in % der maximalen Herzfrequenz)

Hf max	95%	90%	85%	80%	75%	70%	65%	60%	55%
220	209	198	187	176	165	154	143	132	121
215	204	194	183	172	161	151	140	129	118
210	200	189	179	168	158	147	137	126	116
208	198	187	177	166	156	146	135	125	114
206	196	185	175	165	155	144	134	124	113
204	194	184	173	163	153	143	133	122	112
202	192	182	172	162	152	141	131	121	111
200	190	180	170	160	150	140	130	120	110
198	188	178	168	158	149	139	129	119	109
196	186	176	167	157	147	137	127	118	108
194	184	175	165	155	146	136	126	116	107
192	182	173	163	154	144	134	125	115	106
190	181	171	162	152	143	133	124	114	105
188	179	169	160	150	141	132	122	113	103
186	177	167	158	149	140	130	121	112	102
184	175	166	156	147	138	129	120	110	101
182	173	164	155	146	137	127	118	109	100
180	171	162	153	144	135	126	117	108	99

7 Glossar

Adaptation: Anpassung des Körpers an Trainingsreize
Blockbildung: Trainingseinheiten mit ähnlichen Inhalten werden aneinandergereiht, wodurch Blöcke entstehen (z.b. 2:1, 3:1, 4:1)
Intensität: Maß für die Trainingsbelastung, Kontrolle über Herzfrequenz oder Körpergefühl
Makrozyklus: Zyklus innerhalb der Periodisierung von 4 bis 8 Wochen Dauer
Maximale Herzfrequenz: höchstmögliche Herzfrequenz bei voller Ausbelastung
Mikrozyklus: Trainingsplan für eine Woche
Periodisierung: Einteilung des Trainingsjahres in mehrere Abschnitte, die der Herausbildung und/oder Konservierung bestimmter konditioneller Fähigkeiten dienen
Regeneration: Erholung, Wiederherstellung des Körpers, wichtig für den Trainingsprozess
Ruhepuls: niedrigster Puls (Herzfrequenz) bei völliger Ruhe, in der Regel morgens
Steady state: Gleichgewichtszustand
Umfang: der Trainingsumfang ist mit den zurückgelegten Kilometern oder der Trainingszeit gleichzusetzen
Wiederholung: beim Intervall- und Krafttraining verwendete Größe zur Festlegung der Wiederholungszahl einer Übung pro Satz
Zyklen: Trainingsphasen mit wechselnden Belastungen, in der Regel Belastungssteigerungen

8 Empfehlenswerte Literatur

Anderson, B.: Stretching. München 1991.
Burke, E.R.: Medical and Scientific Aspects of Cycling. Champaign 1988.
Burke, E.R.: High-Tech Cycling. Champaign 1996.
Edwards, S.: Leitfaden zur Trainingskontrolle. Aachen 1993.
Eberspächer, H.: Mentales Training. München 1995.
Geis, K.R./Hamm, M.: Handbuch Sportler Ernährung. Hamburg 1990.
Harre, D.: Trainingslehre. Berlin 1985.
Hottenrott, K./Urban, M.: Handbuch für Skilanglauf. Aachen 1997.
Hottenrott, K.: Duathlon-Training. Aachen 1995.
Marées, de H.: Sportphysiologie. Köln 1989.
Neumann, G.: Alles unter Kontrolle. Ausdauertraining. Aachen 1993.
Radcliffe, J.C.: Sprungkrafttraining. Aachen 1991.
Schmidt, A.: Mountainbiketraining. Aachen 1998.
Schmidt, A.: Handbuch für Radsport. Aachen 1996.
Sleamaker, R.: Systematisches Leistungstraining. Aachen 1991.
Ungerleider, S.: Mental Training for Peak Performance. Emmaus 1996.
Weiss, C.: Handbuch Radsport. München 1996
Zintl, F.: Ausdauertraining. München 1990.